高校生のための

ゲームで考える人工知能

三宅陽一郎／山本貴光
Miyake Youichiro　Yamamoto Takamitsu

★——ちくまプリマー新書
296

目次 ＊ Contents

イラスト・しましまいぬ

【本書の構成】

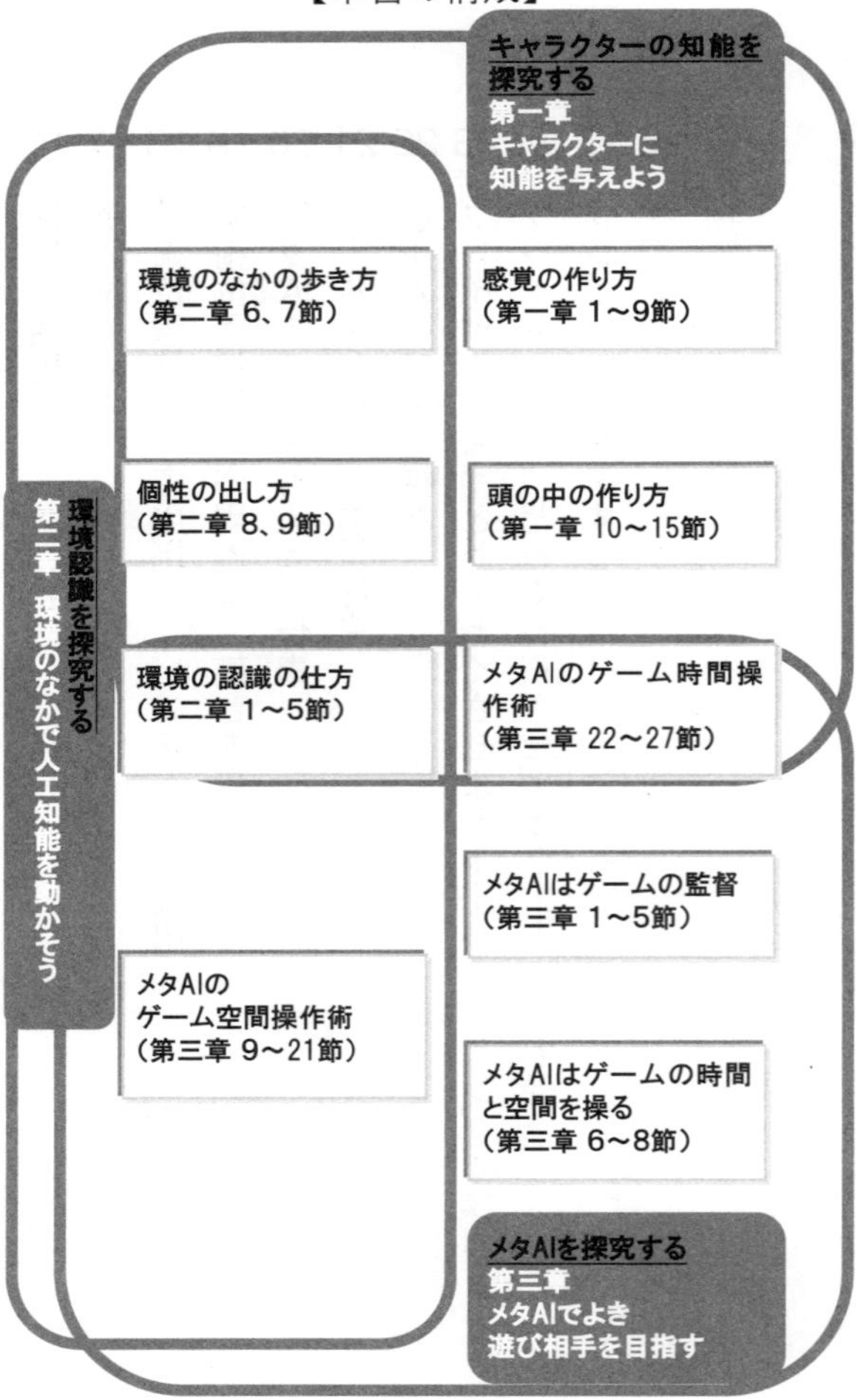

キャラクターの知能を探究する
第一章
キャラクターに知能を与えよう
環境認識を探究する
第二章　環境のなかで人工知能を動かそう
環境のなかの歩き方（第二章 6、7節）
感覚の作り方（第一章 1～9節）
個性の出し方（第二章 8、9節）
頭の中の作り方（第一章 10～15節）
環境の認識の仕方（第二章 1～5節）
メタAIのゲーム時間操作術（第三章 22～27節）
メタAIはゲームの監督（第三章 1～5節）
メタAIのゲーム空間操作術（第三章 9～21節）
メタAIはゲームの時間と空間を操る（第三章 6～8節）
メタAIを探究する
第三章
メタAIでよき遊び相手を目指す

旅のはじめに

最近、「人工知能」や「AI」という言葉をよく目や耳にするようになりました。この言葉からどんなことが思い浮かぶでしょうか。

各種検索、機械翻訳、画像認識、テキスト分析、自動運転をはじめ、さまざまな形で人工知能の技術が応用されています。一口に「人工知能」や「AI」と言ってもその内容は多種多様です。また、先ほど挙げた例のように、それぞれの人工知能は特定の用途に特化している場合がほとんどです。それだけに、なにを人工知能と呼ぶかということ自体が、すでに問題だったりします。人工知能ってなんだろうか、というわけですね。

字面を素直に受け取れば「人工の知能」というくらいだから、人間の知能のようなものをコンピュータでつくることかな、と想像しても不思議はありません。でも、知能ってなんだろうとか、それを作るには具体的にどうしたらいいのかな、といったことになると、これはなかなか手強い問題です。すでにいろいろな解説も出ていますので、それらを読めば概要は分かります。でも、さらにもう一歩進んで理解したい場合、どうすればよいでしょうか。

じつは自分でも試しながら考えてみるのがなによりのやり方です。人から説明してもらって分かるのと、自分で考えて分かるのとでは、理解の度合いも大きく違います。たとえるなら、料理について本やネットで調理法やレシピを教えてもらって分かるのと、自分で実際に材料を揃《そろ》えて調理してみて分かるのとが違うようなものです。あるいは、物理や数学の公式（誰かが考えた結果）を暗記するのと、そうした公式を自力で証明して導き出すのとでは、理解の度合いが断然違うようなものです。もちろん必要に応じて前者のように理解してもよいですし、場合によって後者のように理解してもよいわけですね。

この本は、自分で調理したり証明したりするようにして、人工知能を理解するために書かれています。つまり「こういうものだよ」という説明ではなくて、自分でも人工知能の仕組みを考えながら理解しようという目論見です。そんなことできるのかな、と思うかもしれません。そう、これはちょっとしたチャレンジです。

といってもご心配なく。本書ではデジタルゲームを手がかりにします。スマートフォンやゲーム機やパソコンで遊ぶあのゲームです。なぜゲームで人工知能を？　と疑問が思い浮かぶかもしれません。いくつかの理由があります。

第一に、人工知能や知能について考えるためには具体例が必要だからです。もちろん人工知能一般について考えてみることもできますが、それはとても難しい仕事です。そこで具体例で考えてみようというわけです。

ではなぜデジタルゲームなのでしょうか。デジタルゲームでは、コンピュータのなかに擬似的ではありますが、一種の世界やそこで動き回るキャラクターをつくることができます。プレイヤーが操作するキャラクターの他にもさまざまなキャラクターが登場します。そうしたキャラクターを動かす際に活躍するのが人工知能なのです。

また、ゲームの世界を例にとると、現実世界に似た状況も設定できるのでイメージしやすいという利点があります。例えば、キャラクターが街のなかを歩き回るとか、向こうから誰かがやってくるのに気づくとか、話しかけるとか。あたかもキャラクターがそこで生活しているかのような状況も思い描きやすくなります。

さらには、もしそうしたいと思ったら、本書で検討する人工知能を実際にプログラムでつくって試すこともできるでしょう。そこまでしないとしても、この本で理解したことをもとにして、自分好みのキャラクターやゲームの人工知能を考えることもできるようになります。

つまり、デジタルゲームなら、手軽に楽しみながら人工知能について考えられると思うのです。それに、そのつもりで探せばゲームの人工知能は、身近にもたくさんあるので、観察もしやすいですね。ついでに言えば、著者の二人がゲームと人工知能の開発者であるというのも現実的な理由の一つです。

ところでこの本は三宅と山本が二人で書いています。なぜ二人で書いたのか、ちょっとだけお話ししてみます。人工知能の考え方の一つに「合議制アルゴリズム」というものがあります。これはなにか決定を行う際に複数の人工知能で決めるやり方です。「将棋」の例がよく知られています。こうすると、それぞれの人工知能の欠点が他の人工知能によって補われるわけですね。

著者は二人ともゲーム開発の経験が長いクリエイターです。三宅はプログラマーとしてさまざまなゲームの人工知能をつくり、研究を重ねてきました。山本はプランナーとしてゲームの企画開発の他、専門学校や大学での教育に携わってきました。三宅は人工知能にかんする多方面にわたる知識や技術をもとに大きなヴィジョンを語りますが、アバウトで論理が飛躍してしまうところがあります。一方で、山本は人工知能の大きなヴィジョンを描いたりはできませんが、読者に向けて文章を編むことに慣れています。

また、二人には本が大好きという共通点もあります。それだけに自分たちがつくる本も妥協せず、できるだけ良い本を読者に届けたいという情熱を持っています。本書は、そんな二人が合議制アルゴリズムのように協力しあって書いたものです。


さて、僕たちはこの本で、あなたにちょっとした冒険をしてもらおうと思っています。ご一緒に、ゲームの中で人工知能をつくる旅に出かけてみるつもりです。というのも、漠然と人工知能とはなんだろうかと考えるよりも、実際に手と頭を動かして自分でつくってみれば案外すとんと分かったりするものだからです。

ただし、いざ取り組んでみるとお分かりになりますが、あるときは「分かったぞ！」と思ったらまた分からなくなったり、「分からないなあ」と思ったらまた分かるようになったりの繰り返しです。三宅自身も、もう一五年も人工知能を探究しているのに、ときどき何もかも分からなくなったりします。そんな時は、考えるだけでなく、つくろうとしてみることで、謎が解けたりするものです。人工知能をつくりながら、部品を一つ一つ積み上げて組み合わせていくと、不意にそれらの部品がただバラバラのものではないように感じることがあります。単なる部品の寄せ集めではなく、それらを貫く動きや流れが見えることがあるのです。この感覚は、自分で試行錯誤しながら人工知能をつくってみるからこそ味わえる醍醐味《だいごみ》でもあります。この本で、あなたにもそんな瞬間を味わってもらえたらと願っています。

冒険に出る前に、この本の全体マップをお示ししましょう。本書は三つの章からできています。

はじめの第一章「キャラクターに知能を与えよう」では、ゲームのキャラクターの頭脳となる人工知能ってどんなものかな、ということを考えます。はじめはなにもできないキャラクターに知能を与えるのが最初の仕事です。キャラクターがゲーム世界のなかで、放っておいても自分で動き回るための基礎づくりですね。

つぎの第二章は「環境のなかで人工知能を動かそう」と題して、知能を持ちはじめたキャラクターが、自分の周囲にある環境をうまく使えるようにします。例えば、移動するときにはなるべく安全な場所を選んで歩くとか、そのへんにある岩を使うというふうに、キャラクターが世界を認識して行動するようにします。

最後の第三章「メタＡＩでよき遊び相手を目指す」では、さらに一歩を進めます。個々のキャラクターの人工知能をばらばらに考えるだけでなく、互いに連繫《れんけい》したり協力しあったりするような仕組みを考えます。そこでは複数の人工知能を操る神様のような「メタＡＩ」が活躍します。

どの部分でも、ゲームの具体的な例を使って考えていきますので、説明や図からゲームの状況を思い浮かべながら読み進めるといいですね。必要を感じたら、ご自分でもノートなどに図を描いたりして考えを進めてみるのもおすすめです。

では、冒険の扉を開けましょう！

第一章　キャラクターに知能を与えよう

ゲームの世界に住むキャラクターたちに知能を与えてみよう。
でもその前に、知能って一体何なんだろう？
そんな疑問を携えて、ゲームをつくる作業に向かってみよう。

1　ゲームで人工知能？

これからゲームを題材にして人工知能について考えてみます。一口に「ゲームの人工知能」といってもいろいろな種類があります。それもそのはず、ゲームも多種多様だからです。例えば、近年ときどきニュースにもなっているものに「将棋」や「囲碁」の人工知能があります。「囲碁」なら「囲碁」というゲームで、人間とコンピュータ（人工知能）が対局するという話です。

こうした「囲碁」「将棋」「チェス」といったゲームは歴史も古く、昔からあるものです。例えば、「囲碁」は平安時代に書かれた『源氏物語』などにも登場します。こういうゲームの人工知能をつくる場合、すでに決まっているゲームのルールに従って、どうすれば強くなれるか、勝てるかということを考えるのが仕事の中心です。要するに「囲碁」というゲームで誰が相手でも勝てるような、そういうプログラムをつくるわけですね。

まだイメージが湧かなくても無理はありません。そもそも「囲碁」をプログラムするってどういうことだろうといった疑問もあるかもしれません。そうしたことも、話を進めるなかで段々と分かるようにします。もし読んでいる最中に「あれ？　これってなんだろう？」と疑問が湧いてきたら、どこかにメモしておきましょう。実はゲームや人工知能をつくる場合、いろいろな疑問を持つのはとても大事なことです。もっと言えば、なにかすぐに解けない疑問があるとき、それを頭の片隅に入れておくのがおすすめです。なにかが分からないのは、ダメなことだったりイヤなことだったりするのではなく、むしろ創作や制作のタネになると捉えましょう。これ、ものを考えたり、つくったりするときの大事な秘訣《ひけつ》です。

とはいえ、いきなり自分で「囲碁」の人工知能を考えるのは難しいかもしれません。そういう場合は、問題を簡単なものに置き換えてみるという手があります。例えば、「囲碁」よりもシンプルな「三目並べ」とか「オセロ」の人工知能を考えてみるとか。「三目並べ」は二人で遊ぶゲームで、三×三のマス目にお互いに自分のコマ（○×など）を交互に一つずつ置いていきます。先に自分のコマを三マス並べたほうが勝ち。三マスは縦でも横でも斜めでもOK。このルールで、勝ちを目指すプログラム（人工知能）をつくるにはどうしたらよいか。こう考えてみるわけです。相手が真ん中のマスにコマを置いた場合、自分はどこに置くのがよいか、という具合にいろいろな状況に対応する必要があります。まとめて言ってしまえば、「三目並べ」の人工知能をつくるということは、「いまの盤面で、どこに自分のコマを置けば勝てるか」を判断するプログラムをつくるということです（これについては山本貴光

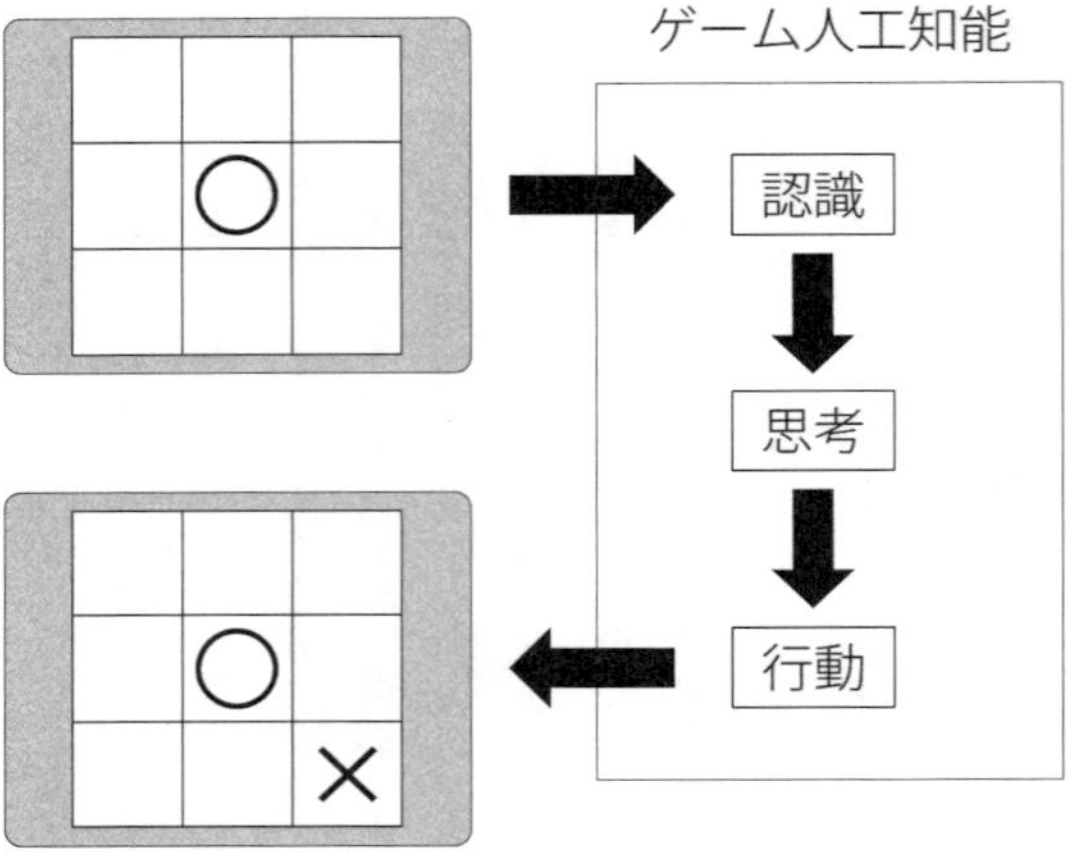

図１　「三目並べ」の人工知能

『世界が変わるプログラム入門』〈ちくまプリマー新書〉もご覧あれ）。

こうしたゲームの人工知能は、どちらかというと大学などの研究機関でつくられることが多いものです。なぜかというと、「将棋」や「チェス」や「囲碁」は、すでに完成しているゲームなので、ゲームのルールを考えるところは自分たちでやらなくてよいですよね。だから強い戦い方を考えることに集中できるのです。それに、これらのゲームは世界中で広く遊ばれているので、参考にできるデータもたくさんあります。

他方で、僕が普段つくっているゲームは、白紙の状態から出発します。つまり、どんなゲームにしようかなというところから考えて

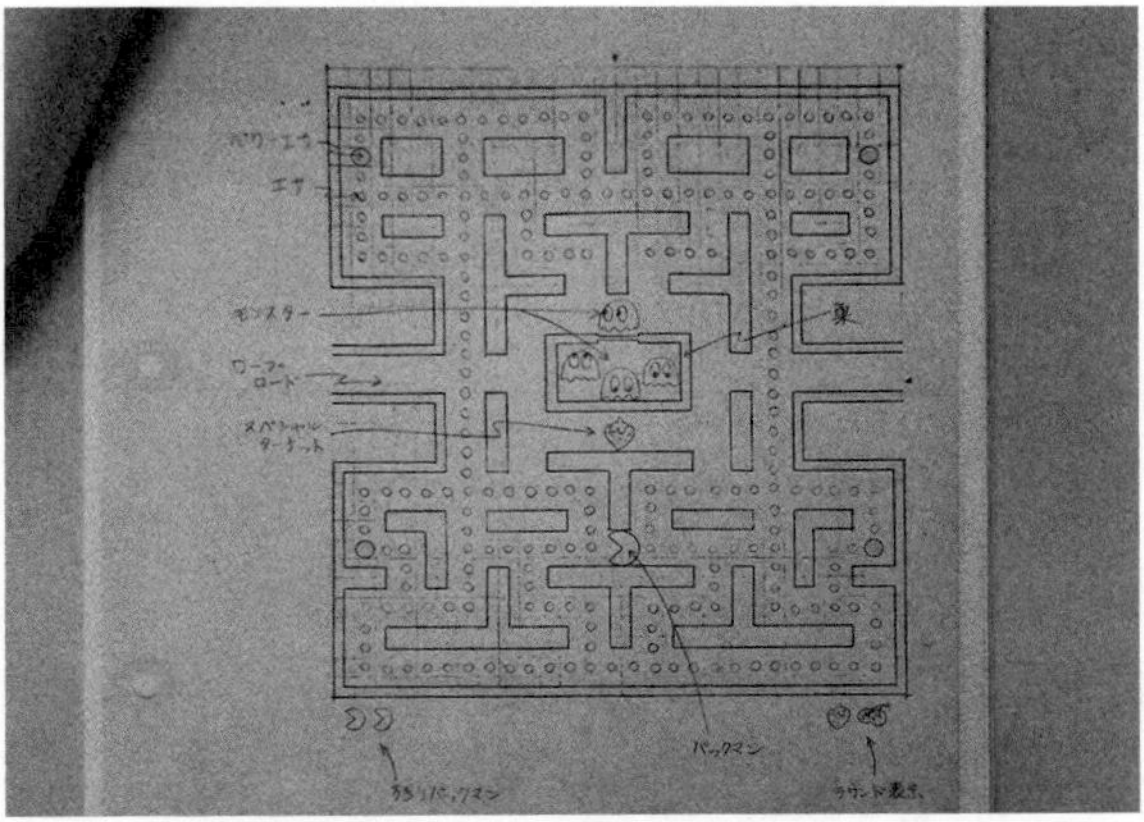

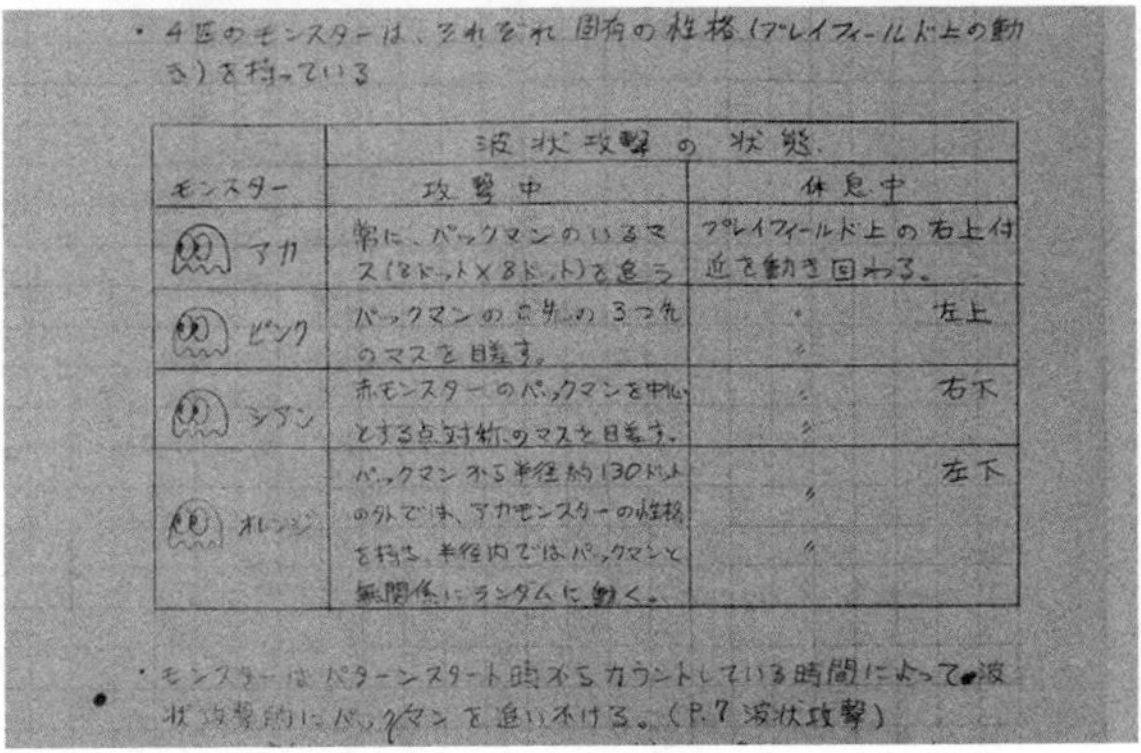

・4匹のモンスターは、それぞれ固有の性格(プレイフィールド上の動き)を持っている

	波状攻撃の状態	
モンスター	攻撃中	休息中
アカ	常に、パックマンのいるマス(8ドット×8ドット)を追う	プレイフィールド上の右上付近を動き回る。
ピンク	パックマンの[illegible]の3つ先のマスを目指す。	〃 左上 〃
シアン	赤モンスターのパックマンを中心とする点対称のマスを目指す。	〃 右下 〃
オレンジ	パックマンから半径約130ドットの外では、アカモンスターの性格を持ち、半径内ではパックマンと無関係にランダムに動く。	〃 左下 〃

・モンスターはパターンスタート時からカウントしている時間によって波状攻撃的にパックマンを追いかける。(P.7 波状攻撃)

図２　岩谷徹先生の「パックマン」の企画書
©BNEI　協力：東京工芸大学　岩谷徹教授

ゆくわけです。ちょっとオオゲサにいうと、世界を創造するようにゲームの世界をつくっていくのです。

ゲーム開発では、最初に「企画書」と呼ばれる紙に書かれたメモがあります。「こんなゲームをつくりたい」という原案を書いたものです。それをもとにして、いろいろな専門家が集まったチームのみんなで、アイデアを出し合ってゲームをつくっていきます。

こういうゲームのために人工知能をつくる場合、そのゲームの世界がどんな場所なのか、どういうルールで遊ぶゲームなのかという各種の条件に合わせながらつくることになります。この本でも、そんなふうにゲームをつくる場面を例にしてご一緒に考えてゆくことにしましょう。そうですね、三次元（3D）で表現されたゲーム世界があるとします。私たちが生きている現実世界と似たような、幅と高さと奥行きがある空間です（実際には二次元のディスプレイに表示された平面映像ですから、正確には擬似3Dです）。そこにはプレイヤーが操作する主人公キャラクターがいて冒険をします。例えば、主人公は二一世紀の日本に暮らす高校生。でも、ある朝目覚めたら見知らぬ世界にいた（おお、ありがちな異世界転生もの！）。なんとかして元の世界に戻りたいものの、どこからどうしてよいか手がかりもない。そうこうするうちに、異世界の戦乱に巻き込まれて……。もちろん主人公だけでなく、それ以外にもいろいろなキャラクターが登場することにしましょう。

2　モンスターをつくってみる

と、主人公の話をした直後でなんですが、本書の主役はむしろモンスターです。というのも主人公キャラクターはプレイヤーが操作するので、人工知能は不要です。というわけで、このゲームの世界に登場するモンスターをつくってみましょうか。モンスターは、主人公の行く手を阻んで邪魔する存在です。主人公を操作するプレイヤーにとって脅威となるためにつくられます。

ちょっと想像してみましょう。主人公はいま、まばらに木が生えた林のなかを歩いています。まだ日は高く木々の間から木漏れ日が射し込んでいます。ときどき鳥の声も聞こえてきます。すこしのどかな風景でもありますが、実はこの林にはモンスターが潜んでいます。

ゲームに登場するキャラクターにはそれぞれ役割があります。このモンスターの場合、「ふだんは木の陰に隠れていて、プレイヤーキャラクターを見つけたら近づいて攻撃する」という役割が設定されているとしましょうか。このモンスターを動かす人工知能をつくろうというわけです。つまり、このモンスターの頭の中をつくって、ゲーム世界で動けるようにするのです。

こんなとき、まず大事なのはモンスターの立場を想像してみることです。つまり、プレイヤーを待ち受ける立場であることに注意しましょう。それからこんなふうに考えてみてください。このモンスターは、私たちがつくった分だけしか行動できません。もうちょっと言えば、私たちが「こう動きなさい」と命令していないことはなにもできないと考えましょう。これは、プログラムやゲームをつくるコツの一つです。

さて、このモンスターですが、いまはまだ頭のなかも空っぽだし、目や耳も働いていません。たとえるなら白紙のような状態です。さて、どこから始めましょうか。

3　まずはシンプルに視覚をつくってみる

モンスターがなにをするにしても、まずは自分の周囲がどうなっているかを知らないことには動きようがありません。例えば、前を確認しないまま歩けば、穴に落ちてしまうかもしれません。自分が置かれた状況を知るために、まずはモンスターに感覚を与えることにしましょう。感覚とは、五感とも言われるように、視覚、聴覚、嗅覚、味覚、触覚など、感覚器官やそれを通じて実際に感じられることを指します。

まず視覚から始めましょうか。目が見えるようにします。こうすれば、自分の周囲がどうなっているかを観察できます。といっても、これはあくまでもコンピュータのなかの世界です。現実世界の人間や動物とまったく同じような視覚をつくるというわけにはいきません。人間なら眼球があり、神経細胞で脳につながって……という具合に身体のしくみがあって、外界から目に光が入り、その刺激が脳で処理されてなにかを見るわけです。しかし私たちは目や脳そのものをつくるわけにはいきませんし、またそこまでする必要もありません。コンピュータのなかのゲーム世界に存在するモンスターの視覚をつくるわけです。つまり当然といえば当然のことながら、「視覚」といっても、あくまでも擬似的なものです。ただ、毎回「擬似的視覚」と言うのは煩わしいので、単に「視覚」と書きますね。

ではどうしたらよいでしょうか。話を簡単にするために、まずは平面で考えることにしましょう（図3）。先ほどの「囲碁」と「三目並べ」の例でも述べたように、複雑すぎる問題は、いったん単純な形にしてみるのが得策です。

この図は、プレイヤーキャラクターとモンスターの位置を上から見たものです。空を飛ぶ鳥から見たような状態なので鳥瞰図《ちょうかんず》と言ったりもします。ここでは高さについては考えない

図3　上から見たプレイヤーキャラクターとモンスター

ことにします。オセロ盤の上のコマのように、平面上のどこにいるかだけを検討するのです。

では、モンスターに視覚を与えてみます。といっても、先ほど述べたように、人がものを見るようにはいきません。この状態で、どうしたらモンスターが視覚を持って、周囲を見ていることにできるでしょうか。図3を見ながら考えてみてください。

実際には、ゲーム世界のなかで、ある状態になったら、それを「見えている」ことにすると考えます。といっても、まだよく分からないかもしれませんね。具体的に考えてみましょう。

ここでは必要最小限で考えてみます。このモンスターの役割は「プレイヤーキャラクターを見つけたら近づいて攻撃する」ことでした。で

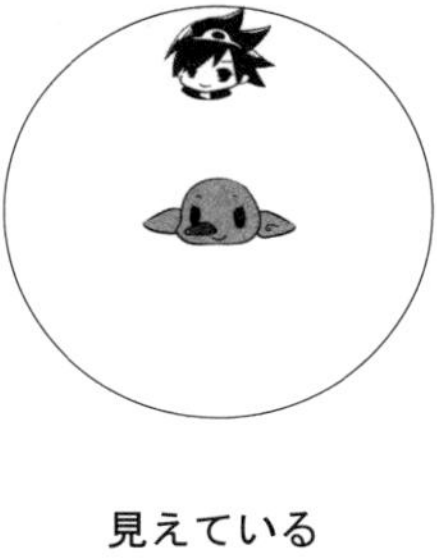

図4

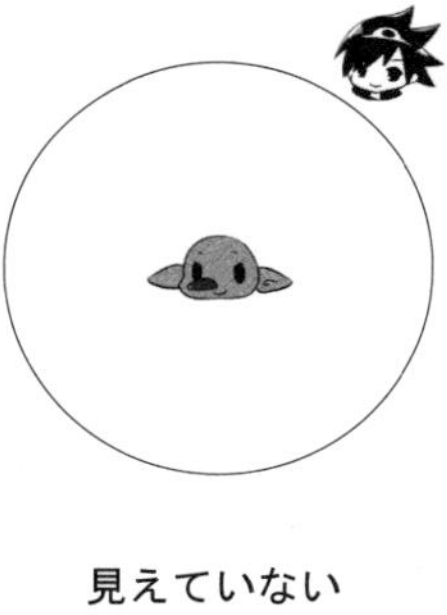

図5

はどうするか。図3をもう一度見てみてください。

　いろいろな考え方があります。例えば、モンスターがいる場所を中心に円を描いてみて、その内側にプレイヤーキャラクターがいたら、その場合モンスターはプレイヤーキャラクターが見えているとするわけです（図4）。プレイヤーキャラクターが円の外にいる場合は見えていません（図5）。つまりこの考え方では、円がモンスターの視野ということになります。

　ただし、これはちょっと不自然にも感じます。というのも、ふつう生きものの目は、体の特定の位置についていて、その位置から一定の範囲だけが見えるものです。いま述べたやり方だと、目が向いていないはずの方向も全部見えていることになってしまいます。プレイヤーからすれば、モンスターの背後から近づいたのに、ある距離まで近づいた途端、モンスターがこっちに気づくという状態です。足音が聴こえたのかと思いたくなりますが、いまはまだこのモンスターには視覚だけしか与えられていないのでしたね。

これを自然に感じられるようにしましょう。どうすればよいでしょうか。思いつくのは、視野をもう少し視野らしくすることです。

そこで視野を決めたいのですが、ここではたと思い当たります。このモンスターがどんな視野をもつかは、どんな体をしていて、どこに目がついているかによります。まだどんなモンスターかを決めていませんでした。例えば、ゴブリンなどと呼ばれる小鬼だとしましょう。体の形はおよそ人間と似ていて、目も頭部に二つ、やはり人間と同じようについているとします。つまり、顔が向いている方向に視野があるわけです。

このゴブリンの視野は、顔が向いている方向に120度とします（図6）。ここでさらに決めるべきことがあるのが分かります。先ほどの図3では、それぞれのキャラクターがどちらを向いているかは考えていませんでした。しかし、視野を決めるには、キャラクターの向きを設定しなければなりませんね。そこでプレイヤーキャラクターとゴブリンそれぞれに向

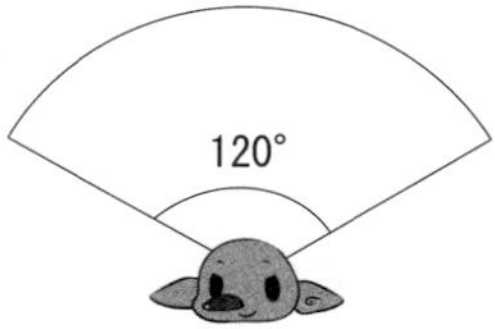

図６　ゴブリンの視野

きを設定します（図7）。そこに視野をつけましょう。

この場合、ゴブリンの視野にプレイヤーキャラクターは入っていません。つまりゴブリンはプレイヤーキャラクターが近くにいることに気づいていない状態です。

では、ゴブリンの向きを変えるとどうでしょう（図8）。この場合、ゴブリンにはプレイヤーキャラクターが見えています。ゴブリンを中心とする円の半径を短くすれば、見える範囲が狭まり、半径を長くすれば、見える範囲が広ります。例えば、このゲームの世界に、明るさや暗さの要素がある場合、キャラクターの周囲の明るさ・暗さによって、視野の半径が伸びた

図7

図8

り縮んだりしてもいいですね。人間の場合なら、光の少ない夜や暗闇では視野が狭まりますが、ゴブリンは夜目がきくということにするなら、暗くてもあまり視野の半径が狭まらないというふうにするわけです。

4　視覚をつくるもう一つの方法

ゴブリンに視覚を与える方法をもう一つ考えてみます。先ほどはゴブリンを中心とした円や扇型を描きました。もうちょっと簡単に同じことを実現する方法もあります。先ほどと同様にゴブリンには向きがあるとします。改めて整理すれば、このゲーム世界では、ゴブリンには現在の位置と向きという二つの要素があります。

さて、今度の考え方はこうです。ゴブリンが

ゴブリンの視線

図9

見えている

図10

いる位置から、ゴブリンが向いている方向に向かって直線を引きます（図9）。この直線がゴブリンの視線というわけです。もしこの直線がプレイヤーキャラクターにぶつかるなら、その場合、ゴブリンはプレイヤーキャラクターの姿を見ています（図10）。この手法を「レイキャスト法」と言います。「レイ（ray）」とは「光線」のこと。「キャスト（cast）」とは「投げる」こと。つまり、光線を投げるという意味です。

もう少し違う状況も考えておきましょう。いままではゴブリンとプレイヤーキャラクターの間にはなにもありませんでした。というか、この空間には地面しかなくて、その他にはプレイヤーキャラクターとゴブリンしかいません。先

身を隠す

図11

視線が通らない

図12

に述べたように、ゲームやプログラムをつくる際は、自分が用意したものしか登場しないことに気をつけましょう。

でも、実際には両者の間にいろいろなモノがあるかもしれません。というよりも、なにかあったほうがゲームは面白くなります。例えば、大きな岩や幹の太い木があれば、そこに身を隠したりもできます（図11）。

この場合、レイキャスト法でゴブリンからプレイヤーキャラクターへ直線を引くとどうなるでしょうか（図12）。こんなふうに、直線はプレイヤーキャラクターに届く前に、間にあるモノにぶつかります。この場合、モノに遮られてゴブリンはプレイヤーキャラクターの姿が見えていないとするわけです。こういう状態を「視

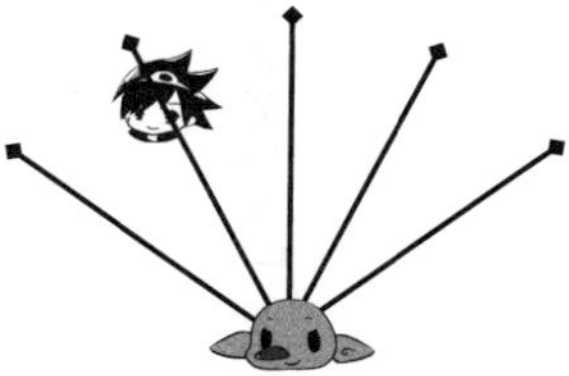

図 13　視線をいくつか飛ばす

線が通らない」とか「届かない」と言ったりもします。

このレイキャスト法の場合も、先ほどの円で視野をつくった場合と同様に、視線が届く距離を考えることができます。ゴブリンから直線を引く際、無限に線を引くのではなく、一定の長さだけ引くわけです。こうしないと、ゴブリンは何百キロも遠くにいるプレイヤーキャラクターが見える可能性があります。もっとも、その場合、間にたくさんの障害物があるでしょうから、見える可能性はとても低いとも言えます。いずれにしても、レイキャストする直線の長さを限定すれば、ゴブリンの視野の範囲を制限できるというのがここでのポイントです。

また、これも先ほどの円による視野の設定と同じように、ゴブリンの向いている方向に対して、どのくらいの範囲で視線を飛ばすかによって、ゴブリンの視野の範囲が変わります（図13）。こうすれば、視野に複数のキャラクターがいるかどうかもチェックできます。ここでは説明のために、ゴブリンの向いている方向に直線を引くと説明してきましたが、実際にはゴブリンとプレイヤーキャラクターの間に線を引くというつくり方をします。その上で間に視界を遮るモノがあるかどうか、視野の範囲かどうかをチェックするのですね。

5 「見えている」という状態

こんなふうにすると、コンピュータのなかの世界でキャラクターやモンスターに視覚を与えることができます。改めて言えば「視覚」といっても、本当の視覚ではありませんでした。コンピュータのなかにつくられたゲーム世界で、キャラクター同士が周囲にいるキャラクターを「見ている」とはどういうことかを設定したわけです。ここでは説明をシンプルにするために平面（二次元）で考えましたが、立体（三次元）でも基本的には同じように考えます。

また、以上の話を読みながら、こんなふうに考えたかもしれません。ものの見え方は、生きものによって違うという話を聞いたことがあるぞ。同じ風景でも、ヒトとイヌとカラスでは見え方が全然違うとしたら、モンスターの場合も種によって色の見え方や動きを捉える敏感さが違うかもしれない、と。これはとても面白い発想です。例えば、一定以上の速さで動かないものを感知できないモンスターがいるとしたら、そのモンスターの前ではゆっくり動けば見つからない、という状況をつくったりもできるでしょう。

ここでは、モンスターがものを見ている状態をつくるために、位置や向きや距離という単純な要素に置き換えてみました。でも、いま述べたように現実の生物や自然の仕組みを踏まえて、さらに複雑な視覚や手の込んだ視覚もつくれます。ゲームの場合、モンスターにどんな視覚を与えるかは、そのゲームでプレイヤーをどんなふうに楽しませたいかによって決めます。

それから「あれ？　人工知能をつくる話なのに、どうして視覚なんかつくってるんだっけ」と混乱した人もいるかもしれません。モンスターが適切に知能を働かせて適切に行動するためには、そもそも自分の周囲の環境を知覚する必要があります。そこでまずはものが見えるようにしようということで視覚をつくったのでした。

このように視覚を定義すればキャラクターを個性付けることができます。今回は視野角を120度にしましたが、キャラクターによっては150度とか、110度とかにしても良いわけです。このようにキャラクターごとに個性の違いを表す数値を「キャラクターのパラメータ」と呼びます。キャラクターのパラメータは、他にも身長や体重、体力や魔力の最大値といったように、用途に応じていろいろなものを考えられます。それらの数値を変化させることで、それぞれのキャラクターに個性が生まれるのです。

というわけで、これでゴブリンに視覚が備わったことにしましょう。

6　コンピュータで位置や視線をつくる方法

右では触れませんでしたが、興味のある人のために、キャラクターやモンスターの位置や視覚をつくる場合、より具体的にはどのようにつくるか、もう少し説明してみましょう。数学の話が苦手な人は無理をせず読み飛ばしてかまいません。

コンピュータでなにかをつくったり表現したりする場合、すべての要素を数値で処理します。先ほど視野の話をする際には「位置」とか「円」とか「直線」というふうに言葉で書いて済ませました。実際にはこうしたことをプログラムでつくります。その場合、「位置」「円」「直線」は、すべて数字、もう少しいえば、数学によって扱うのです。

ここで活躍するのは、高校で習う幾何学です。直線や曲線を式とグラフで表現するあれです。例えば、モンスターを中心としてその視野を円で表現する場合で考えてみましょうか。まず、モンスターの位置を表現しなければなりません。これも数学で習う「座標」の考え方を使います。平面を一定のマス目で区切って、そこに数字を振ると、その数字で位置を特定できます。これが座標というアイデアの基本でした。こうすれば図を数字や式で表現できます。

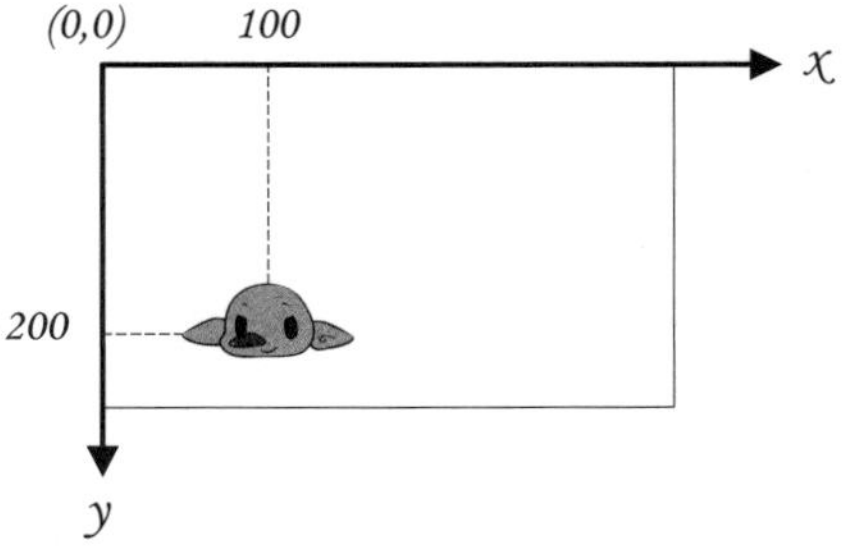

図14　座標で表すゴブリンの位置

では、ゴブリンの位置を座標で描き直してみましょう（図14）。こんなふうにすれば、モンスターの位置を（100, 200）と表せます。座標軸が数学で習うのとちょっと違うことに気づいたかもしれません。コンピュータの画面では左上を原点とします。y軸は下に向かってプラスなのです。

次にこのモンスターを中心に円を描くにはどうするか。これも数学で習う円の式が活躍します。円とは、ある点を中心として、その点から同じ距離にある点の集合です。中心点の座標を（x, y）、そこからの距離をrとすると、その式はこんなふうに表されます。

$$x^2+y^2=r^2$$

これでモンスターの視野を数学で表せるわけです。

では、プレイヤーキャラクターがこの円の内側にいるかどうかはどうしたら数学で表現できるでしょうか。ここから先は説明しないでおきますので、ぜひ考えてみてください。うーむ、高校までの数学がよく分からないぞということに気づいた人は、教科書を引っ張り出して読み直してみましょう。ヒントは、プレイヤーキャラクターの位置も座標、つまり数字の組み合わせで表現できること、プレイヤーキャラクターとモンスターの位置（座標）から両者の距離を計算できること、です。

敢《あ》えてこんなことを書いたのは、ゲームの人工知能をつくるには、数学の力が必要になるのをお伝えしたいからでした。学校で勉強しているときは、「数学なんてなんの役に立つ

コラム1 「人工知能という概念」

人工知能という言葉が使われるようになる以前から、どうも人間は知能のようなものをこしらえることに関心があったようです。

例えば古来、神話をはじめとしてさまざまな物語に、人間のようにふるまう自動人形やロボットのようなものが登場しています。また、実際に器用にチェスを指すからくり人形がつくられて、どんな仕組みなのかと人びとを驚かせたこともありました。

現在私たちが使っている「人工知能」という言葉は、20世紀半ば頃に使われはじめたようです。イギリスの数学者アラン・チューリングは1950年に「計算機構と知能」という論文を書いて、機械が知能を持つ可能性について論じました。

また、1956年にはアメリカのダートマス大学で「人工知能に関する研究会議」が開かれて、そこに集まった研究者たちは、人間の知能、知的な行動を、どうしたらコンピュータなどの機械で実現できるかという課題についてさまざまなアイデアを出しました。

その際は、人間の代わりに働く便利なものをつくろうというだけでなく、人工知能をつくることによって、まだまだ謎の多い人間の知能や精神の働きについて理解する手がかりが得られるとも考えられていたようです。

人工知能の技術に目を奪われるとつい忘れそうになりますが、そもそも人工知能をどのような存在にしたいのかは、ひとえに私たち人間にかかっているわけです。

の?」と感じる人も多いと思います。実際にはこんなふうに活用します。ものすごく役に立ちます。というか、数学がなかったらゲームはつくれません。皆さんがスマートフォンやパソコンでいろいろなソフトを使っている場合、その裏側でもたくさんの数学が活躍しているわけです。

普段、黒板や教科書で見ている座標空間を、ゲーム空間だと思って見てみると、ワクワクしてきませんか?

7 モンスターに聴覚を与えよう

さて、ここまでのところでゴブリンは視覚を持つようになりました。ゲームによってはこれでも十分ですが、ここではさらなる緊張感を出すために、モンスターたちが聴覚も持っていることにしましょう。つまり、目だけでなく耳からも周囲の状況を知覚するようにします。こうすると、モンスターはプレイヤーキャラクターを発見しやすくなって、プレイヤーは戦闘に巻き込まれやすくなるわけです。プレイヤーとしては、モンスターに見つかりたくないときには、姿が見えないように気をつけるだけでなく、慎重に、静かに行動しなければなりません。

では聴覚はどうつくったらよいでしょうか。視覚で考えたことも参考にしながら取り組んでみましょう。

まずは自分を材料にして考えてみましょうか。視覚の場合、目の向いている方向が見えます。頭の後ろ側は振り返らない限り見えません。当たり前といえば当たり前ですね。

聴覚はどうでしょう。ここが面白いところなのですが、聴覚の場合、周囲からやってくる音が耳から入って聞こえるわけです。耳は目と違って、頭の左右、両側面についています。離れた反対側に位置していますね。ですから、向いている方向しか見えない視覚とはちがって、音はどの方向からやってきても耳に入ります。

具体例でイメージすると分かりやすいかもしれません。スマートフォンなどで動画を見る場合で考えましょう。当然のことながら画面を目で見ない限り動画は見えません。でも、たとえ画面を見ていなくても、スマートフォンのスピーカーをオンにしていれば、どこを向いていても音は耳に入ります。ここは視覚とおおいに違う点ですね。

こうしたことは一見すると当たり前すぎて確認しても意味がないように感じるかもしれません。でも、実際に人工知能をつくる場合、そういう基本的なことも一度は確認しなおしてみるのが大事です。当たり前に思えることほど見落としたりもするからです。

8　聴覚をつくろう

さて、具体的にはどんなふうにつくるか。これもいろいろなやり方が考えられますが、基本的には先ほどの視覚と同じように考えてみるとよいでしょう。例えば、ごく簡単につくるのであれば、ゴブリンを中心とする円を描いて、その円の内側にプレイヤーキャラクターがいたら、その足音が「聞こえる」ということにします。円で可聴範囲を表現するわけです（図15）。

ただし、このやり方だと困ることもあります。例えば、遠くのほう、この円の外側で魔法が爆発したとしましょう。雷鳴のような大きな音がして、現実世界であればゴブリンにも聞こえておかしくありません。円の範囲外だからといって、この爆発音に気づかないとすれば、とても不自然です。ではどうしたらよいでしょうか。

簡単に考えるなら、先ほど設定したゴブリンの可聴範囲の円を大きくすればよさそうです。つまり、遠くの魔法爆発も聞こえるくらい円の半径を広げてしまえ、ということです。ただし、このやり方には問題があります。仮に魔法爆発が、ゴブリンの現在地から1キロメートル離れた場所で起きたとしましょう。ゴブリンの可聴範囲も2キロメートルくらいにしてお

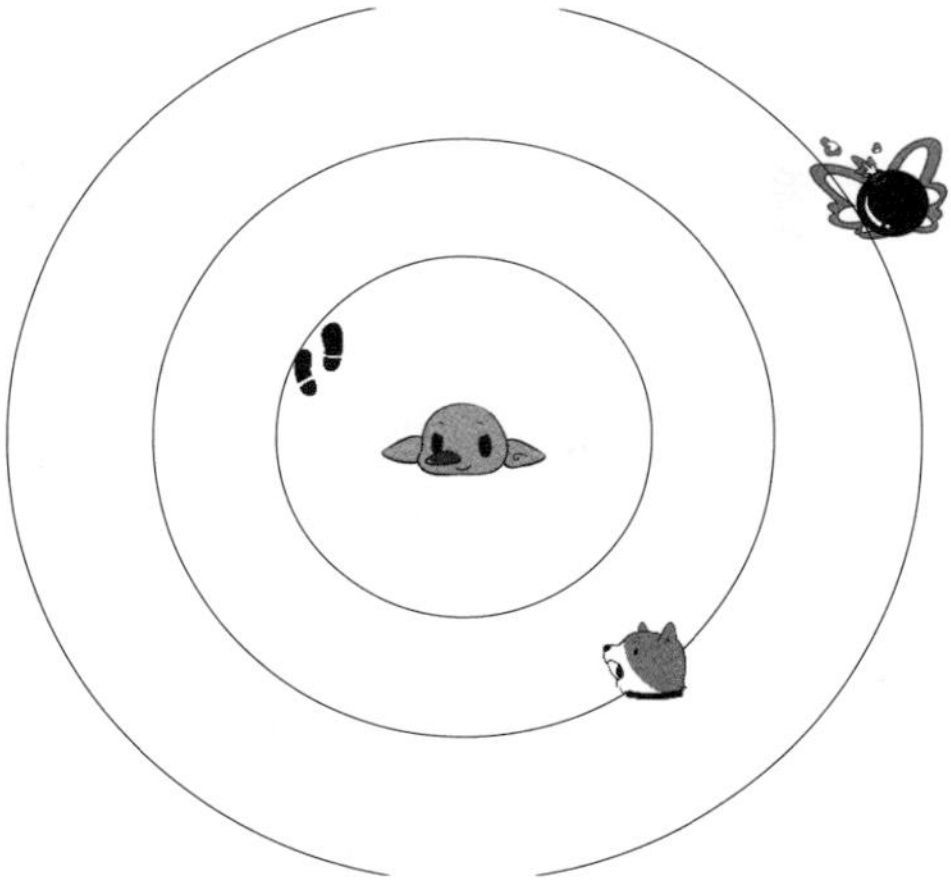

図 15　ゴブリンの可聴範囲

けば、この魔法爆発の音も聞き逃しません。でもそうすると、このゴブリンは半径2キロメートル内で生じたすべての音を聞き取れることになります。プレイヤーキャラクターがゴブリンから2キロメートル以内で行動すると、その足音を聞き取られてしまうのです！なんという地獄耳！　というわけで、このやり方は、そのままではまずいことが分かります（モンスターによっては、耳が鋭いものがいてもいいですね）。

そこで別の方法を考えてみます。プレイヤーキャラクターの足音が聞こえるのは、先ほど設定したゴブリンの周囲の可聴範囲内だとして、それとは別に遠くの魔法爆発が聞こえる範囲を設定します。つまり、足音は狭い円内でのみ聞き取れる。爆発音は広い円内なら聞き取れるという具合に、音の種類に応じて聞こえる範囲を別々に設定するわけです。こうすれば、遠くの魔法爆発の音が聞こえるからといって、同じくらい遠くにいるプレイヤーキャラクターの足音が聞こえたりはしません。

また、いまはゴブリンを中心として円を考えてみましたが、音源を中心としてその音が聞こえる範囲を円で表現する手もあります。足音なら数メートルくらいの小さな円、爆発音なら2キロメートル先でも聞こえるくらいの大きな円、という具合に音ごとに可聴範囲を設定するわけです（図16）。

こうした考え方を用いたゲームに「Tom Clancy's The Division」（Ubisoft, 2016）があります。このゲームでは五段階ぐらいの可聴範囲が設定されています。

9　音の性質をシュミレートする

では、さらにきちんと聴覚をつくる方法を考えてみましょう。そのためには、音の性質をもう少し検討してみる必要があります。学校の科目でいえば物理学で登場する知識ですね。

音には「回折《かいせつ》」と呼ばれる性質があります。「回って折れる」という文字から想像できるかもしれません。次のように考えてみるとイメージできると思います。ある音を発している

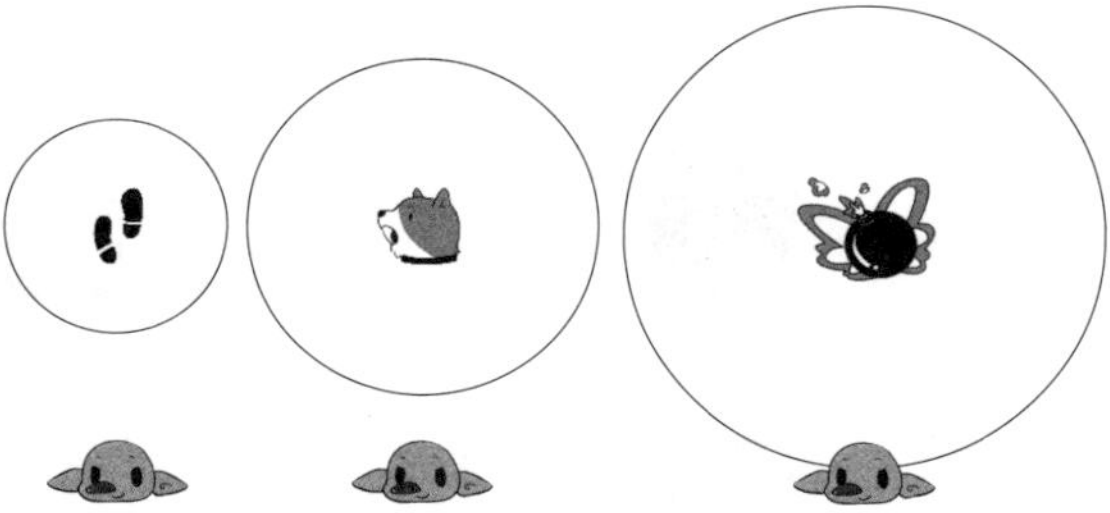

図16　様々な音源の可聴範囲

音源と自分の間に建物があるとします。そうですね、音源は犬が吠《ほ》えているとしましょうか（図17）。この場合、視覚は建物に遮られます。私から犬の姿は見えません。でも、音は間に建物があったとしても、回り込んで聞こえますね。

このように現実の音が持っている回折という性質をゲーム中でもシミュレーションするのが、聴覚をつくるもう一つの考え方です。より具体的には、音源から自分の位置まで、ジグザクに折れてもいいので、直線をつないで辿《たど》りつけたら、それは「聞こえている」と判定するわけです（図18）。いま「判定」という言葉を使いましたが、これはプログラムでよく使われる用語です。ゲームの状態がある条件を満たしているか、満たしていないかを調べることを指します。いまの例なら、音が聞こえているか、聞こえていないかを調べて、どちらなのかを確定することを「判定」と呼ぶわけです。

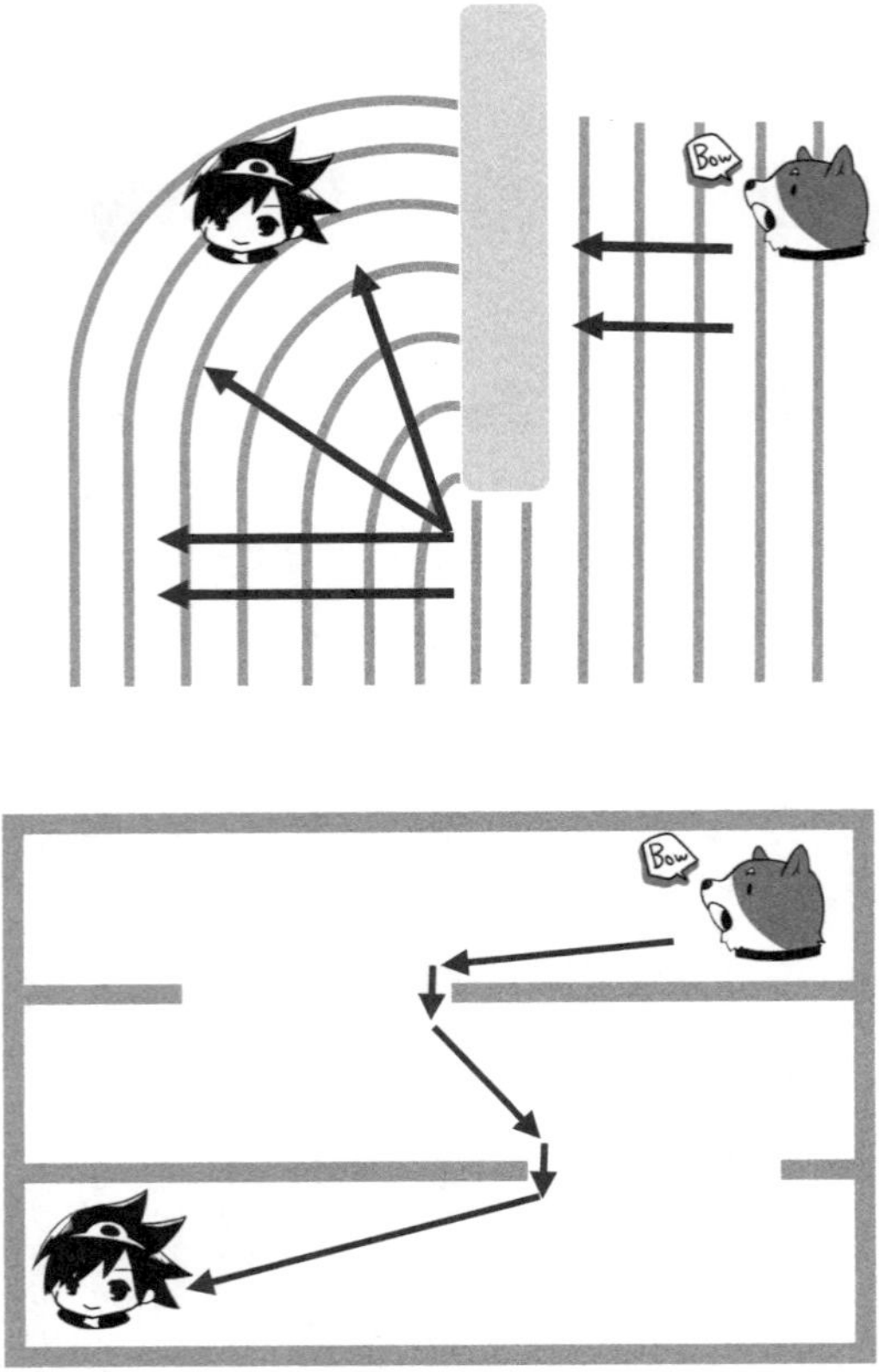

図 17（上）音の回折、18（下）姿は見えないが聞こえる

ここで疑問が湧くかもしれません。可聴範囲を円で処理する場合と、回折をシミュレーションする場合とでは、どういう違いがあるでしょうか。可聴範囲を単純に円で処理する方法では、間にモノがあっても、その円内なら聞こえることにします。回折を無視しているわけです。多くのゲームではそれで問題ありません。相手から見えているかどうかという視覚と違って、相手に自分の足音が聞こえているかどうかは、かなり曖昧なことだからです。ただし、ステルスゲームのように敵から見つからないように隠れながら行動するゲームの場合、そうはいきません。壁があるのにそれを無視して音が直線で届いているかのように聞こえるのと、壁に阻まれつつも回折によって聞こえるのとは、厳密に考えれば異なる状態だからです。例えば、隠れながら敵に近づく「Tom Clancy's Splinter Cell」(Ubisoft, 2002) シリーズでは、音の回折シミュレーションが採用されています。

10 モンスターの頭の中をつくる

さて、ここまでのところでゴブリンの視覚と聴覚をつくりました。もしゲームで必要なら、さらに嗅覚や触覚や味覚をつくる必要がありますが、ここでは視覚と聴覚でもってゴブリンの感覚としましょう。次に進みます。

次は、こうした感覚に基づいて、モンスターが行動するようにしましょう。詳しくは後で述べますが、感覚から行動までの間には、認識、意思決定、身体運動生成などのステップがあります。

細部に入ってゆく前に、ここで改めて「知能」について考えてみましょう。ほら、「人工知能」というくらいですからね。私たちがいまつくろうとしているゲームのモンスターの知能なるものをどう考えて、どうつくるか。大まかに捉えておきたいと思います。例えば、大きな建物をつくるときには設計図が必要です。事前に全体を設計しておかないと、各部はなんとかつくれたとしても、全体がちぐはぐで建物にならないおそれがあります。知能をつくる場合もこれと同様に設計図が必要となります。ゲームの世界ではこれを「デザイン」とか「アーキテクチャ」と呼んだりします。デザインは「設計」、アーキテクチャは「建築」「構造」「設計」といった意味です。

さて、ゲームのキャラクターやロボットの知能をつくるための全体設計図にはいろいろなやり方があります。そのひとつに「エージェント・アーキテクチャ」という考え方があります。「エージェント」は、英語で「なにかをする者」、もうすこしカタい言葉では「行為者」

とか「主体」という意味があります。ゲームのキャラクターはエージェントの一種です。「アーキテクチャ」は先ほど述べたように「構造」や「設計」という意味です。つまり、行動する者を設計するという発想です。ここでは行動する者を、もうちょっと縮めて「行動主体」と書くことにしましょう。「主体」というのは、他のものに働きかけるもの（主）という意味です。対になるのは「客体」で、これは働きかけられるもの（客）。エージェント・アーキテクチャとは、行動主体の設計と言い換えられます。ここでの行動主体は、ゲームのキャラクター、いまの場合はゴブリンのことです。

ここでちょっと注意が必要です。行動主体《エージェント》といっても、なにもない場所では行動できません。キャラクター（行動主体）が行動できるためには、そのキャラクターを取り巻く環境、世界が必要です。例えば、地面がなければ立ったり歩いたりできないし、ものが存在しなければなにかを見たり聞いたり持ったりすることもできません。行動主体だけでは行動できず、それを取り巻く環境があってこそ行動できるわけですね。

エージェント・アーキテクチャという考え方は次のようにまとめられます（図19）。

①世界とそこで行動する主体（知能）を区別する

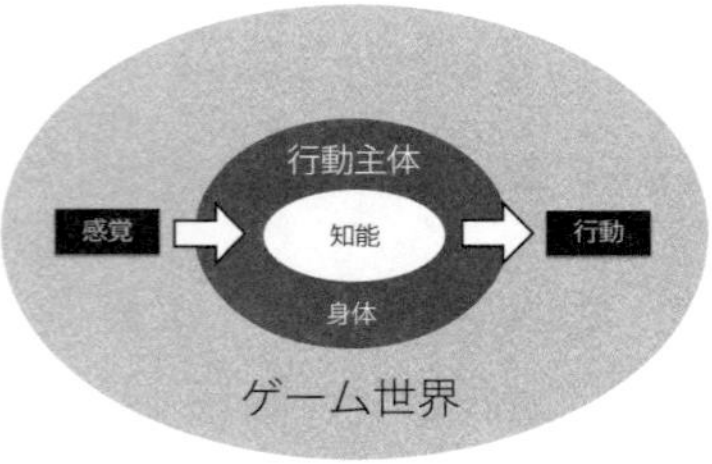

ゲームキャラクター（行動主体）の人工知能
・人工身体を通じてゲーム世界から感覚を受け取る。
・人工身体を通じてゲーム世界に対して行動させる。

図19　エージェント・アーキテクチャという考え方

②行動主体は、感覚を通じて世界から情報を得る
③行動主体は、情報を元に知能によって行動を決定する
④行動主体は、決定に基づいて身体を動かす

「世界」と「行動主体（知能）」をまずは区別します（①）。両者を区別するからこそ②が可能になります。行動主体は、世界から感覚を通じて得た情報を使って、「さて、どう行動したらよいか」ということを決めて（③）、その結果、身体を動かすというしくみです（④）。

ひょっとしたら、なんだか当たり前すぎるように思えるかもしれません。わざわざ「エージェント・アーキテクチャ」だなんてものものしい名前をつけなくてもよさそうです。とはいえ、コンピュータのなかに知能をつくろうという場合、こうしたごく基本的なことからつくる

必要があります。なぜなら、コンピュータのハードウェアそのものは単なる各種装置の寄せ集めに過ぎません。コンピュータの上でなにかをつくろうと思ったら、コンピュータの記憶装置の上で世界をつくる必要があります。その記憶装置は、ごく単純化していえば、単に1か0かのいずれかの状態をとる記憶素子がたくさん連なったものです。その上に知能をつくろうというのですから、これはただ事ではないことがお分かりいただけるでしょうか（図20）。

つまり、エージェント・アーキテクチャという発想がわざわざ必要になるのは、コンピュータののっぺりとして、なんの区別もない記憶装置の上に知能をつくろうとするからなのです。ここから出発して知能をつくろうという場合、まずはそこで世界と知能（行動主体）を区別する必要があるわけです。

理解のためにこんなふうにたとえてみましょうか。コンピュータの記憶装置というなにもない場所……といってもイメージが湧きづらいかもしれません。そうですね、なにも書かれていない方眼紙を想像してみてもよいでしょう。そういうなにもない場所を舞台として、人工知能の制作者はそこに世界をつくり、行動主体、つまり知能を備えたキャラクターをつくりだすわけです。ちょっと不遜ですが、いわば神様による天地創造のようなものです。

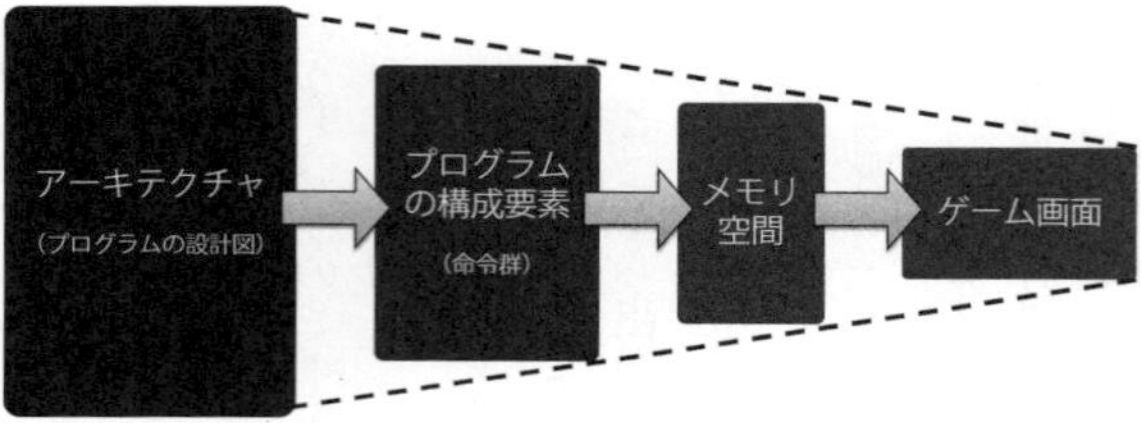

図20　コンピュータ上に知能をつくる

もう一度言えば、エージェント・アーキテクチャという考え方は、なにもないまっさらなコンピュータの上に知能というなにかを創造するためのモデルです。「モデル」とは、日本語でいえば「模型」のこと。なにかを模した型。この場合なら、「知能」というなにごとかの模型をコンピュータの上につくるというわけですね。元来、現実の人間や生物が備えている知能のようなものを、生物とはまったく異なるコンピュータの装置の上でつくろうというわけですから、モデル（模型）をこしらえることになるわけです。

さて、図21は、エージェント・アーキテクチャ・モデルの全体像を示したものです。ちょっとややこしいですが、こういう図は、まず大きく眺めてみるのがコツです。

コンピュータのハードの上に「知能」のようなものをつくりたい。これがやりたいことです。そのとき、闇雲につくるのではなく、事前になにかしら設計をしようというわけです。エージェン

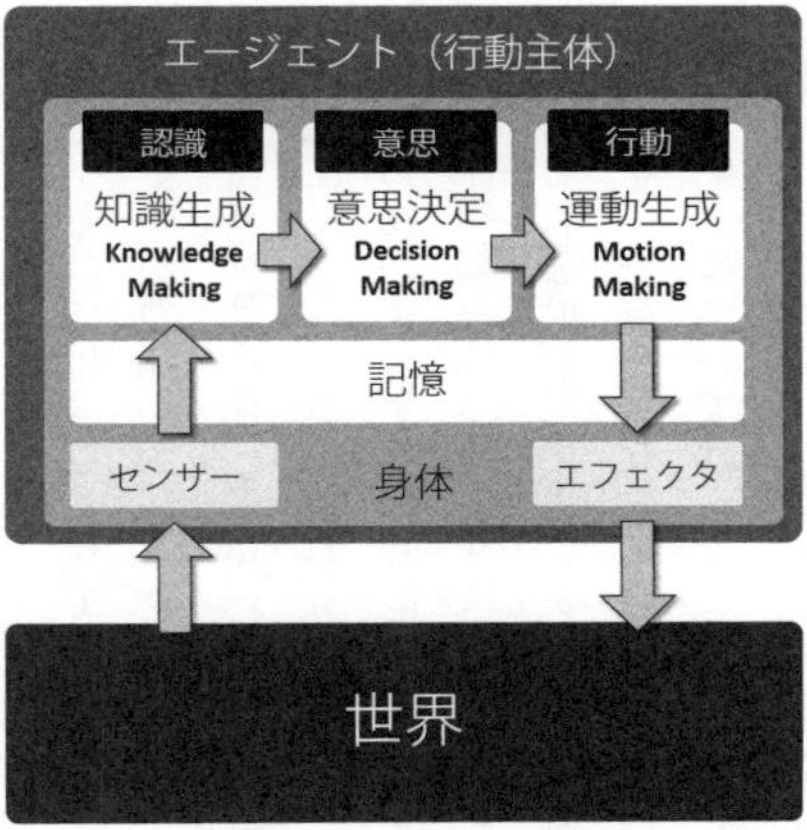

図21　エージェント・アーキテクチャ・モデルの全体像

ト・アーキテクチャの発想では、この図に示したような各種の要素によって知能をつくろうと考えるのです。いろんな要素がありますね。

ではこの図を見てゆきましょう。エージェント・アーキテクチャというモデルの仕組みを説明してみます。

まず大きく捉えると、エージェント・アーキテクチャとは、二つの大きな要素からなっています。一つはゲームの舞台となる世界。もう一つはそこで活動する知能をもったエージェント（行動主体）です。この世界とエージェントを関係させるわけです。

図も大きく眺めておきましょう。向かって下に「世界」があり、上に「エージェント」があります。二つの要素があって、両者は関係しあっています。厳密にいえば、エージェントは世界の中にいるはずです（図19）。ここでは頭を整理するために単純化して、世界とエージェントを別々に描いてあります。

さて、それでは詳しく見てみましょう。まずエージェントに注目してみます。エージェントはいくつかの部品からできています。こうした部品を「モジュール」と呼んだりします。モジュール（module）とは「構成要素」という意味の言葉で、実は先ほど出てきた「モデル（model）」と同じ語源の姉妹語です。

もちろん現実の生物の知能は部品からできているわけではありません。解剖学や脳科学によって体や脳を部品のように分けるのを見慣れていると、知能も部品の集合体のように思えるかもしれません。でも、実際には解剖学にしても脳科学にしても、本来一つのものである体や脳を、機能や形などの観点から分けて捉えようとしているだけです。とりわけ知能と呼ばれる働きについては、なにか明確な部品があるわけではありません。

他方、コンピュータで知能らしきものをつくろうという場合、どうしても部品を組み合わせてつくることになります。例えば、人間に似た動きをするロボットをつくる場合を思い浮かべてもいいですね。ロボットは複数の部品の組み合わせでできています。このようになにかを製作することを「エンジニアリング（工学）」と呼びます。エンジニアリングでは、人工知能も部品を組み合わせてつくるのです。部品（モジュール）で組み立てるので、こうしたつくり方のことを「モジュラー・デザイン」と言います。

では、どんなモジュールがあればよいでしょうか。そのつもりで、先ほどの図21を眺め直してみましょう。この図ではエージェントはどんな部品からできているでしょうか。文字で並べてみるとこうなります。

①認識：知識生成
②意思：意思決定
③行動：運動生成
④記憶
⑤身体
⑥感覚

この六つの部品ですね。最初の三つ、「認識」と「意思」と「行動」が、人工知能を構成する中心的なモジュールです。「認識」というのは、「感覚」、つまり視覚や聴覚から得られた感覚を整理する働きです。例えば、目に見えた状況について「危険」か「危険ではないか」という具合に、ある観点から捉え直します。認識とは、感覚に意味をつけることだと言ってもよいでしょう。

二つ目の「意思」は、先ほどの認識に基づいて、どんなふうに行動すべきかという行動方針を決めます。「意思」とは「何をしたいか」「何をするか」ということですね。ここで考えているゲームの世界なら、「逃げる」「戦う」「話しあう」といった方針です。

三つ目は「行動」です。このモジュールでは、先ほどの意思決定にしたがって、実際に行動を起こします。例えば、向こうから別のキャラクターがやってくるのが見えた（感覚）。それは敵であり、危険だと判断した（認識）。戦うと負けると予想されるので「逃げる」という行動方針に決定した（意思）。この行動方針にそって行動すべく、敵がいない方向で空間が空いているところに向かって走ることにした（行動）。

こうしてエージェント（行動主体）は、「感覚」をもとに「知識生成」「意思決定」「運動生成」をして、実際に動くわけです。図21でいうとエージェントは「センサー」、つまり外界の出来事を感知する働きを通じて世界を感知します。ここまで「感覚」と言ってきたのは、このセンサーのひとつです。ここでは省略しますが、実際には感覚の他にもいくつかの要素が考えられます。また、運動生成の結果、エージェント（行動主体）の身体を動かします。このエージェント、つまりゲーム中のキャラクターは、身体を通じて世界に影響を及ぼします。例えば、このキャラクターが走って移動すると、走る際に足で踏んだ地面に足跡が残ったり、生えていた草が踏み折られたり、あるいはキャラクターがぶつかった木に傷がついたりという具合です。こんなふうに世界に直接影響を及ぼすものを「エフェクタ」と呼びます。エフェクト、「影響する」という意味ですね。

以上を改めて大きくまとめれば、エージェント・アーキテクチャ・モデルでは、世界とエージェントを区別した上で、両者をセンサーとエフェクタで結びつけているわけです。世界からセンサーを介してエージェントに入力があり、エージェントから世界へと行動が出力されると言ってもよいでしょう。エージェントの中では、感覚を通じて入ってきた情報が認識、意思、行動へと順次変換されていきます。このエージェントの内部で生じている働きを「知能」と考えるわけです。

以上がエージェント・アーキテクチャというモデルによる知能の全体像です。

11　認識――ゴブリンの立場から考えてみる

さて、再び先のゴブリンの例に戻りましょう。ゴブリンは、感覚によってプレイヤーキャラクターやその味方から自分の姿が見えているかどうかが分かりました。ただし、これはまだ客観的というか、ゴブリン本人にとってどうなのかというところまで考えられていません。そこで、先ほどのエージェント・アーキテクチャ・モデルの図21に沿って、ゴブリンの主観、ゴブリンの気持ちに即してつくりこんでいきましょう。

まずは認識です。視覚や聴覚といった感覚を通じて外界から入ってきたデータがあります。これをどう解釈するか。例えば、このキャラクターがゴブリンではなく、プレイヤーキャラクターの友人だとしたら、プレイヤーキャラクターは味方であって、自分に危害を加える存在ではないと解釈するでしょうし、ゴブリンのようなモンスターなら、プレイヤーキャラクターは危険な敵だと解釈するでしょう。目に見えたものにどんな意味を与えるかは、そのエージェントの立場などによって変わるわけです。理解を助けるためにもうちょっと別の例を出せば、お腹が空いている人には目の前にあるリンゴはおいしそうな食べものに見えるかもしれませんが、お腹がいっぱいの人には用のないものに見えるかもしれません。そんなふうに、同じものでも自分の状態によっては見え方も変わるわけです。これは誰しも日々経験していることだと思います。

ではわれらがゴブリンの場合はどうでしょうか。このゲームでは、ゴブリンの目標は、プレイヤーキャラクターたちを見つけたらやっつけることです。ゴブリンから見て、同時に複数の敵がいる場合、いまはどれが一番脅威なのかを考えるはずです。ゴブリンは一度に一体しか相手にできないことにしましょう。そうすると、自分から見て脅威度が高い相手を選んで攻撃するのがよいでしょう。では、実際にはどんなふうに判断するでしょうか。考えてみましょう。

いま、ゴブリンの周りに三体の敵がいるとします。一体は遠く離れた場所にいて、さらに遠ざかっていきます（A）。これはプレイヤーキャラクターです。もう一体は比較的近くにいますが、自分とは違う方向に進んでいます（B）。三体目はまっすぐ自分のほうに向かっているとしましょう（C）（図22）。

このとき、AとBからはゴブリンは見えていません。ですから、こちらに向かってきていないのだと判断できます。比較的脅威度は低いといってよいでしょう。しかしCはこちらに

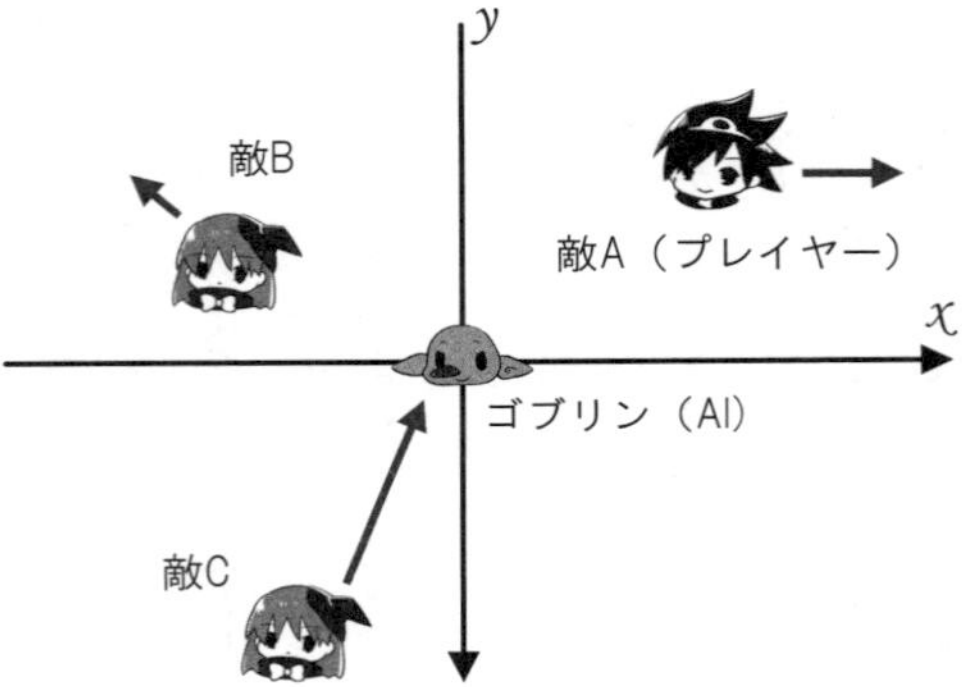

図22　ゴブリンの周りの３体の敵

向かってきています。ゴブリンがいることを認識して、攻撃しに向かってきているのかもしれません。

三体の違いを明確にするために表にしてみました（図23）。三体の敵それぞれについて、センサー（感覚）から分かることと、それについて認識したことをもとに脅威度を数値で表しています。なぜ数値にするかというと、大小を比べられるようにするためです。

ゴブリンは、脅威度が高い相手から優先して攻撃することにします。表ではキャラクターAの脅威度に補正として0.2を足してあります。これはなぜかというと、そもそもゴブリンの目標はプレイヤーキャラクター（A）を倒すことです。つまり他のキャラクターより脅威度が高いという意味です。この補正値をもっと大きくすれば、なにがなんでもプレイヤーキャラクターを狙う行動を採るわけです。逆に補正値が0の場合、プレイヤーキャラクターは他の敵と同じ扱いになります（主人公っぽくなく

	敵ID	A	B	C
センサー	位置	(2.0, 3.5)	(-1.5 , 1.0)	(-1.0, -6.0)
	ベクトル	(1.0, 0)	(-1.0, -1.0)	(2.0, 12.0)
認識	意図	なし	なし	自分に 向かっている
	脅威度	0.3 + 0.2 (補正)	0.4	0.9
意思決定	優先度	2	3	1

図23　ゴブリンは敵をどう認識しているか

てちょっとかわいそう)。

言い換えると、この表には、ゴブリンが周囲にいるキャラクターについて感覚したこと(客観的情報)と、それをどう認識したかということ(主観的情報)が示されています。センサー(感覚)によって分かるのは、それぞれの敵の「位置」と「ベクトル(向き)」という客観的な情報です。客観的ということは、誰が見てもそうなるという情報です。それに対して「認識」は、そうした客観的な情報を、ゴブリン本人がどう受け止めたかという主観的な認識を指します。表のうち「脅威度」は、数値が高いほどゴブリンにとって脅威であることを意味しています。低いものほど安全というわけです。要するに、認識の処理によって、外部の情報をゴブリン当人にとってどういう意味があるのかという主観的な意味に変換したわけです。

12　意思決定――どうするかを決めるには?

ところで、三体のうちAがプレイヤーキャラクターでした。ゴブリンにとって攻撃すべき目標です。しかしAは遠ざかりつつあります。他方で、別の敵Cが自分に近づきつつあります。先ほどの表のように脅威度を比べてみるとAは補正を加えても0.5、Cは0.9です。つまり、脅威度としてはCのほうが高いですね。では、ゴブリンとしては本来の目標であるAを追うべきか、Cから逃げるべきか（あるいは戦うべきか）。どういう行動を採ればよいか迷うところ、ジレンマです。ジレンマとは、二つの状態の板挟みになって、どっちをとってよいか悩む状態です。

ではどうしたらよいでしょうか。どうすべきかを決めるのが「意思決定」の働きです。ここでは脅威度が高いものから対処するということにしましょう。つまりまずは接近しつつある敵C（脅威度0.9）をやっつけて、その後で遠ざかりつつあるプレイヤーキャラクターA（脅威度0.5）に近づいて攻撃することにします。

以上のことを人工知能に判定させるにはどうしたらよいか、これが課題です。改めてもう少し具体的に考えてみましょう。

いま述べたように、対処すべきものが複数あって、同時に一つしか選べないような場合、優先順位《プライオリティ》を決める必要があります。まず、対処すべきもの、三体の敵を比べられるようにリストにします。つまり三つを並べてみます。そして、先ほど見たようにそれぞれには脅威度を数値でつけてありますから、この脅威度の高い順に並べ替えます。プレイヤーキャラクターは優先したいので、脅威度に0.2を加算して、脅威度が高くなるようにしましたね。こうしておけば、ゴブリンは脅威度が高いものから攻撃するというルールにした場合、同じ距離にプレイヤーキャラクターと他のキャラクターがいて脅威度が同じであるときには、プレイヤーキャラクターは＋0.2の補正があるために、より脅威度が高く、攻撃の優先順位も上がるわけです。

ただし、いま仮に＋0.2としていますが、実際にこの設定でゲームをプレイしてみたら、ゴブリンがなかなかプレイヤーキャラクターを襲ってこないということがありえます。その場合、この補正値を＋0.3、＋0.4と変えて試してみます。プレイヤーキャラクターの脅威度が高くなれば、それだけゴブリンから見て攻撃の目標にしやすくなるからです。この＋0.2とか＋0.3といった数値のことを「調整パラメータ」と呼んだりします。

こんなふうに複数の選択肢に対して、なんらかの基準（ここでは脅威度）で数値化すると、選ぶための手がかりになるわけです。というわけで、ここまでのところでゴブリンは、周囲に三体の敵がいるのをセンサーで感知してそれぞれの脅威度を比べて認識し、どの敵を攻撃すべきかを意思決定できるようになりました。もちろん敵が何体になっても同じように処理できますね。

13　運動生成——行動を分解しよう

さて、お次は意思決定に基づいてゴブリンが行動できるようにしましょう。ゲームの場合、それぞれのキャラクターには、あらかじめなにができるかという「行動」が設定されています。言い換えれば、あらかじめ設定された行動だけをとることができるのです。例えば「走る」「棍棒《こんぼう》を振るう」「魔法を使う」などです。

それぞれの行動については、どんな動きをするかといった「モーション」や、そのときどんな「ヴィジュアルエフェクト（視覚効果）」がつくか、キャラクターがどんな台詞《せりふ》を言うか、どんな「サウンドエフェクト（音響効果）」がつくか、といった各種表現も関係してきます。例えば「走る」というアクションなら、手足や全身の各部がしかるべき動きをとり（モーション）、地面が砂地なら砂埃《すなぼこり》が立ち（視覚効果）、足音がしてキャラクターの呼吸音が「はっ、はっ、はっ」と聞こえる（音響効果）といった具合です。

ところで先ほど意思決定をしたので、目標は決まっています。この目標を達成するために、ゴブリンがとるべき行動を分解してみましょう。ゴブリンの立場になって考えてみます。

意思決定はこうでした。

まず敵Cを倒して、次に敵A（プレイヤーキャラクター）を攻撃する。

この意思決定には二つの目標が含まれていますね。要するに――

目標1：敵Cを倒す
目標2：敵Aを倒す

どちらも倒すべき相手が違うだけで、「敵Xを倒す」という点では共通しています（Xには方程式の変数のようにいろいろなものが入ると考えてください）。そこで敵がなんであれ「敵Xを倒す」という目標をどうやって実行するかを決めておくことにします。

さて、敵を倒すには攻撃する必要があります。ということは、自分の攻撃が届くくらいまで近づく必要がありますね。ゴブリンは自分から1メートルくらいの範囲を攻撃できることにしましょう。弓や魔法など、遠くまで届く攻撃手段を持っているキャラクターなら、その武器の攻撃範囲に応じて敵に近づけばよいわけです。

この「敵Xを倒す」という目標は、さらに次のように分解できます。

・敵Xに近づく
・敵Xを攻撃する

とりあえずこれ以上は分解できそうもありません（図24）。今回はこの二つの行動が、ゴブリンの目標達成のために必要な行動の最小単位です。

ここまでの検討では、ゴブリンが「敵を倒す」という大きな目標《ゴール》から出発して、どうしたら具体的に実現できるかという具合に、小さな目標に分解しました。このようにゴールから逆算して必要となる行動を構成する方法を「ゴール指向型意思決定」と言います。

さて、「敵Xを倒す」というゴールを「敵Xに近づく」「敵Xを攻撃する」という二つに分解しました。それぞれのゴールは、どのようにしたら達成できるでしょうか。順に考えてみます。

まず「敵Xに近づく」です。これはもう少し正確に言うと「自分がいまいる場所から、敵

Xがいる場所に近づく」ということですね。「自分がいまいる場所」をP、「敵Xがいまいる場所」をQとすれば、P地点からQ地点に移動するというのがゴールです（記号はなんでもよいのですが、A、Bだと紛らわしいのでP、Qにしています）。P地点とQ地点の間になにもない平らな場所なら、単にPからQへとまっすぐ脇目も振らず移動すればよいところ。でも、たいていの場合、そんなに簡単にはいきません。PとQの間に建物やら林やら川やら、なにかしらの地形やモノがあって、まっすぐ移動できるとは限りません（図25）。

そこで「PからQへの経路を決める」必要があります。ゴブリンは自分がいまいるPから、どういう経路を辿ればQに辿り着けるかというわけです。

もし経路が分かれば、それに沿って移動すればよいですね。

以上をまとめると、「敵Xに近づく」というゴールは「敵Xまでの経路を求める」「経路に沿って移動する」という二つの行動によって達成できるわけです（図26）。

では、敵Xのいる場所まで移動したとします。次は「敵Xを攻撃する」というゴールがあります。これは自分がどんな攻撃手段を持っているかによって、できることも変わ

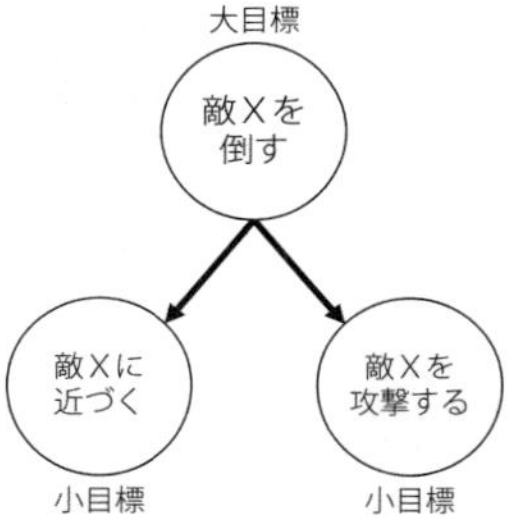

図24 「敵Xを倒す」という目標を分解する

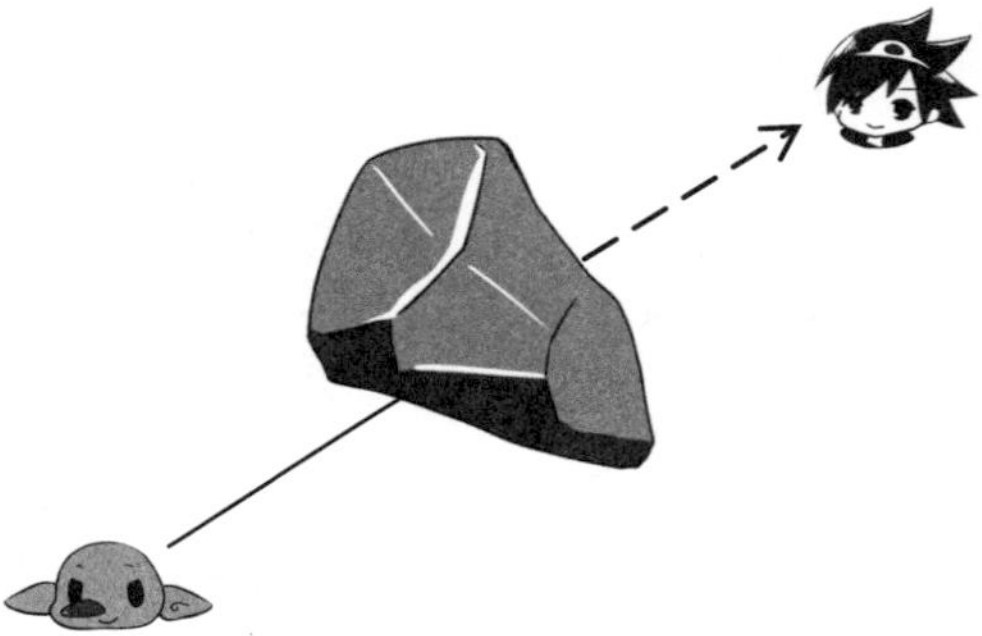

図25　まっすぐは移動できない

ってきます。例えば、弓のように遠距離から攻撃できる武器を持っている場合とか、魔法攻撃を使える場合、棍棒や剣のように近距離攻撃の道具を持っている場合などなど。ここでは「魔法攻撃」と近距離の棍棒などによる「物理攻撃」の二つの手段があるとします。

また、こんなふうに行動の選択肢がある場合、どれを選ぶかというルールも決める必要がありますね。ここでは「もし魔法を使えるだけの魔法力があれば、敵Xに対して魔法攻撃を使う」としましょう。ただし「もし魔法力がなければ、敵Xに対して物理攻撃を行う」とします。

さて、敵Aと敵Cという二つの攻撃対象がいました。ここまで考えたことを応用して、この場合についてゴールを分解してみましょう（図

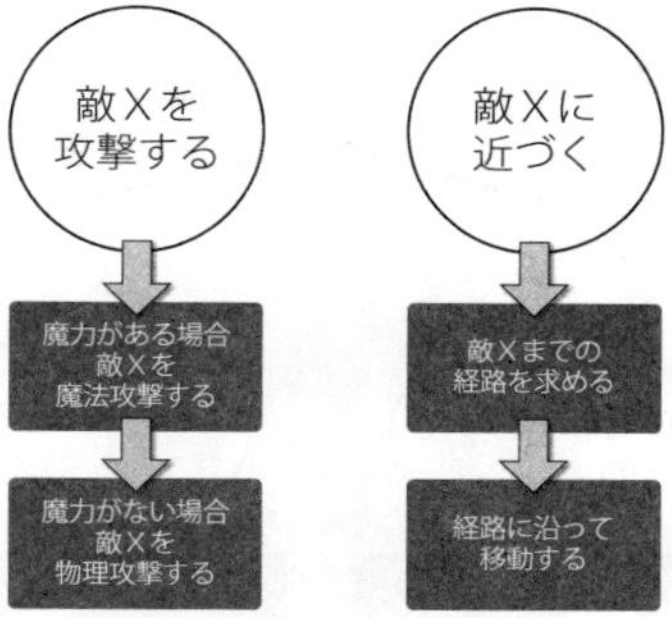

図26 「敵Xに近づいて、攻撃する」を分解する

27)。

まず「敵Aと敵Cを倒す」というゴールは同時に達成できないので、二つに分解しましょう。つまり「敵Aを倒す」と「敵Cを倒す」に分解するわけです。どちらから攻撃するか。これについては先ほど表で見たように、自分にとって「脅威度」がより高いほうから対処することにしましょう。敵Cの脅威度は0.9、敵Aの脅威度は0.5でしたから、敵Cを優先します。つまり、「敵Cを倒す」⇒「敵Aを倒す」という順序でゴールの達成を目指すわけです。

「敵Cを倒す」というゴールは、「敵Cに近づく」、そして「敵Cを攻撃する」というゴールに分解できましたね。このうち「敵Cに近づく」は、「敵Cまでの経路を求める」「経路に沿って移動する」と分解できました。そして敵Cに近づけたら、「敵Cを攻撃する」わけです。こ

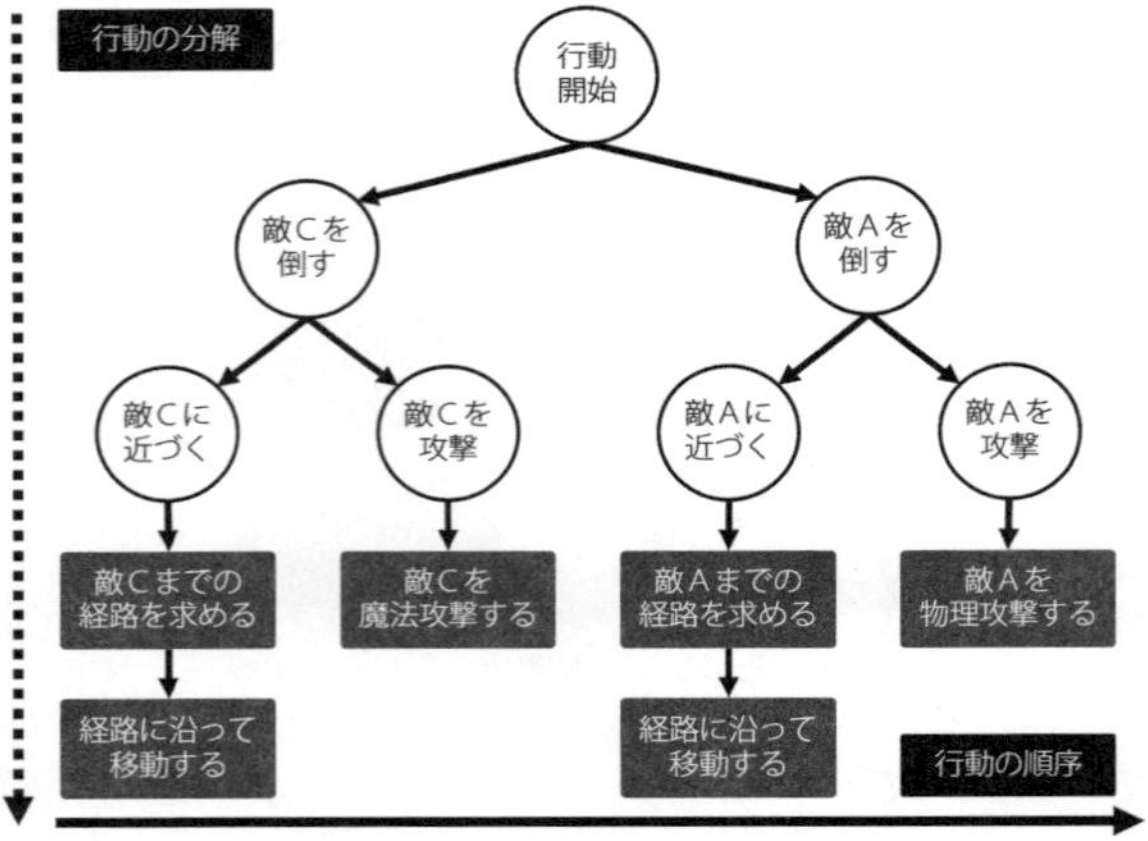

図27　「2体の敵を倒す」という目標を分解する

ここでは魔法力がある場合「敵Cを魔法攻撃する」、なければ「敵Cを物理攻撃する」という行動に分解したのでした。そして、当初のゴールである「敵Cを倒す」ことができたら、同じように「敵Aを倒す」というゴールにとりかかるわけです。もう慣れてきましたか。ゴールをできるだけ単純なものに分解して、一つずつ実行するというつくり方です。

こんなふうにすることで、敵が複数いる場合でも、ゴブリンがどのように行動するかという行動プランを自動的に組み立てることができます。

14　いざ行動！

ここまでのところで、ゴブリンの行動プランをつくりました。これを「プラン（計画）」と呼ぶのは、ゴブリンというキャラクターに対して、「もしもこういう状況になった場合はこうしなさい」という命令をあらかじめ与えるものだからです。状況に応じてどうすべきかを教えたわけですね。

では、この行動プランに沿って実際にゴブリンが行動する様子を具体的に見てみましょう。つまり行動プランをゲーム世界のなかで実行してみます。

まず「敵Cに近づく」にはどうするか。より具体的には「敵Cまでの経路を求める」にはどうするか。ゲーム開発では、この「経路」を「パス」と呼んだりします。意味は同じです。ここでも以下ではパスと呼ぶことにしましょう。

さて、実際にパスを求めるにはいろいろなやり方があります。いずれにしても、自分がいまいる位置から目指す敵Cがいる位置まで、どう移動するかを決めればよいわけです。ゲームの世界では、空間は点（ドット）の集合体でできています（図28）。つまり、現在地から敵Cの位置まで、点がつながればよいわけです。例えば、現在地から敵Cの位置まで千個の点でつながるとします。この場合、ゴブリンと敵Cの間に千個の点があり、それを一点ずつ確認しながら移動することになります。でも、これはちょっと大変です。なにしろ千回も確認と移動を繰り返すわけですから！

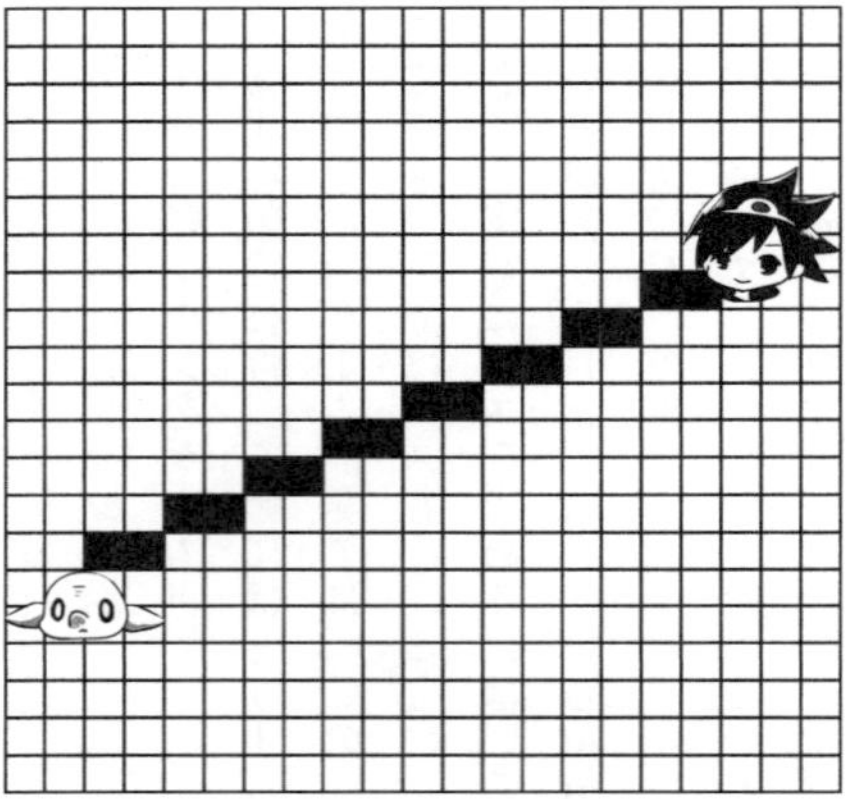

図 28　ゲーム空間は点（ドット）の集合体

実際には、もうちょっとおおざっぱでかまいません。飛び石のようにポン、ポンといくつかのポイントさえ分かれば、あとはそこを目指して動けばよいのです（図29）。つまり、パスは図のように、自分の現在地から敵Cの現在地までをいくつかのポイントでつなげて表現できます。あとは、自分の現在地から最初のポイント1まで移動して、そこから次はポイント2まで移動して……という具合に、ポイントからポイントへの移動を繰り返してゆけば、やがて敵Cがいる場所に辿り着けるはずです。

これで移動経路、パスは分かったことにします（実際にこのパスをどのように決めるかは第二章で説明します）。次はこのパスに沿って移動し

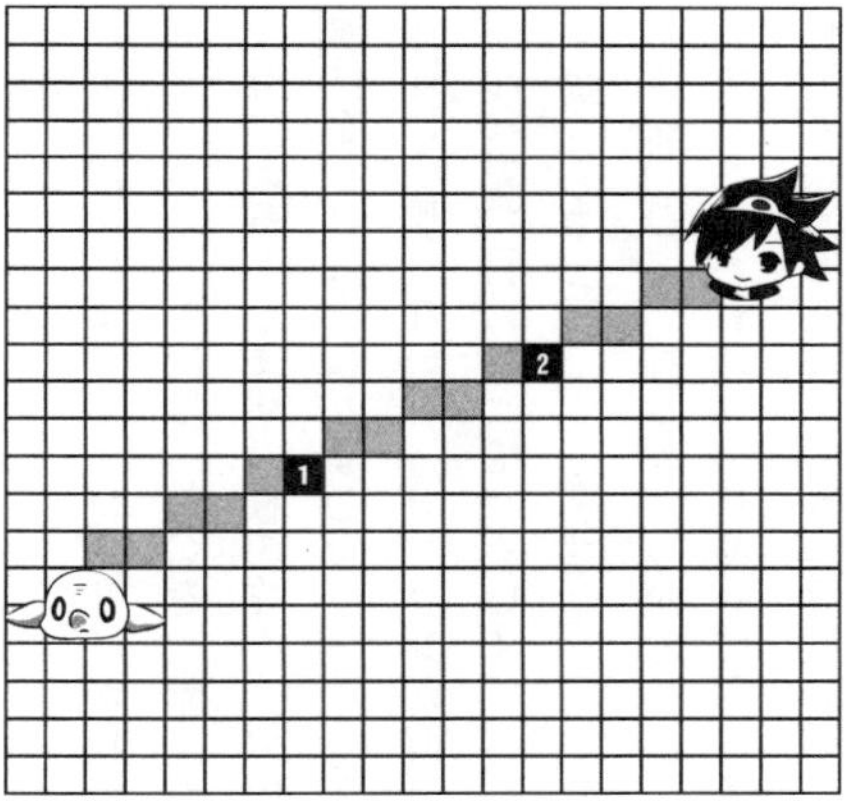

図29　ゲーム空間を移動する

ましょう。ゴブリンを現在地から最初のポイント1まで動かします。ゲーム世界のなかでゴブリンが動くということは、言い換えれば、表示される位置を変化させるということです。ただし、直立しているゴブリンの絵をそのままずーっとポイント1まで動くように表示したらどうでしょう。モンスターというよりは、チェスのコマかなにかが動いているような見た目になってしまいますね。そこでゴブリンを生きものらしく見せるために、歩いている様子をアニメーションで表示します。手足や体が動く様子をあらかじめグラフィックで用意しておいて、これを表示するわけです。また、移動には具体的な速度が関係してきますね。例えば、1秒にどのくらい動くのかによって見え方も変わります。

1秒に100ドット移動するのと、30ドット移動するのとでは速度が違うわけです。この辺のことは学校の科目でいうと物理学で習うところでしょうか。

では以上によって、ゴブリンが現在地からひょこひょこ歩いて敵Cの近くまで移動したとしましょう。お次は「敵Cを攻撃する」です。ゴブリンは魔法の杖《つえ》を持っていて、魔法力も十分にあるとします。杖の先から火の玉が敵に向かって飛んでゆくファイアーボールという魔法を使うことにしましょう。ここでも注意してください。ゴブリンが魔法攻撃をする際、適切に表現しないと、ゴブリンが直立した状態のまま杖の先から火の玉が射出されるというへんな見た目になってしまいます。歩くときと同じように、やはりゴブリンが杖を振りかぶる動き《モーション》をアニメーションで表示します（図30）。そして振りかぶり始めるとともに杖が徐々に光を帯びて、振りかぶり終わるところでその先端から火の玉が出現して飛び出す様子を、これもアニメーションで表示しましょう。前に述べたように、デジタルゲームの世界では、作者が用意したことしか起きないのでしたね。だからこんなふうにゴブリンの動作も一つ一つ表現する必要があるのです。

それから、歩くときには足が地面に着くアニメーションを表示すると同時に「ざくっ」と

図30　歩くゴブリンのアニメーション

足音の効果音（SE）を出力してもいいですね。ついでに言えば、地面が乾いているような場所なら、足下から砂埃が舞う演出もつけましょうか。また、杖を振りかぶる際にも「ぶんっ」とややオオゲサに空気を切る音を出せばさらに雰囲気も出ます。それから火の玉が射出されるときにも「ゴォー」と燃えさかる炎の音を出しましょう。

こうして無事ゴブリンは敵Cまで移動して攻撃しました。実際には敵Cが無抵抗に倒されてくれるわけではありませんから、切った張ったのやりとりがあり、ことによってはゴブリンはあえなく返り討ちに遭い、敵Cに敗れてしまうかもしれません。ただ、ここでは説明のために、ゴブリンは敵Cを見事にやっつけたことにします（魔法の杖もあるしね）。あとは同じようにして敵A（これが本当に目指すべきプレイヤーキャラクターでした）の近くまで移動して、同様に攻撃すればよいわけです。これはすでに書いたことの繰り返しで対処できます。現在地から敵Aまでの経路を確認して、移動して、攻撃です。

15　もっと生き生きとした人工知能をつくりたい！

さて、これでゲームキャラクターの人工知能ができました。ごく単純といえば単純ですが、ここまで考えたような行動をプログラムで設定されたゴブリン君は、このゲーム世界のなかでプレイヤーキャラクターを探しては倒そうと行動することになります。プレイヤーキャラクターを倒したらどうなるか。目的を失ってやることがなくなりそうだしちょっと心配ですが、普通はプレイヤーキャラクターが倒されるとゲームオーバーになりますから、ゴブリンの役目もそこまでということでよさそうです。

同じようにしてこのゲームの世界に登場する他のキャラクターたちにも、ゴールを設定して、それを遂行するための行動を設定すれば、みなさんが普段遊んでいるゲームのような状況が生まれるわけです。

ところで、ここでつくってみた人工知能は、ご覧のように与えられた役割を一目散に実行するだけのものでした。ゴブリンの役割はプレイヤーキャラクターを倒すことです。それ以外のことは眼中にありません。

もっともゲームのプレイヤーである皆さんを楽しませて、よき遊び相手になるための人工知能であれば、これだけで十分かもしれません。でも、僕としてはここで留まるのでは物足りません。単なるプレイヤーのサンドバッグではなく、ゴブリンならゴブリンというキャラクターは、このゲームの世界で生きている存在、その世界を彩る生命であって欲しいと思っています。プレイヤーキャラクターの敵という役割はその一部です（図31）。というのも、そうした存在であってこそ、ゲーム世界はただの見かけではない、本当の豊かさを持つようになるはずだからです。これは僕の信念のようなものです。

誤解を恐れずに言ってしまえば、コンピュータを使って、ゲーム世界のなかに息づく生命をつくりだしたい。単に機械的に動く操り人形のような人工知能ではなく、現実世界の自然のなかで動きまわる動物たちのように、デジタル環境のなかで、あたかも自らの意思や感情をもって活動する、そういう人工知能をつくりたいのです。

コラム２ 「AIの歴史」

人工知能という言葉が作られる、ずっと以前から、現在の人工知能へ続く流れがありました。人間の知能とは何か、人間の理性とは何かを探求する流れです。16世紀までは、身分の高い人や学者だけが議論する形而上学が支配的でしたが、哲学者デカルトは17世紀に「人間の理性はみんな平等に与えられていて正しく使えばみんな真理にたどりつけるのだ」と言いました。その典型としてデカルトは「座標幾何学」を発明しました。これは皆さんが中学、高校で並ぶ分野ですね。平面幾何学では補助線を引く閃きがいるのに、座標幾何学では誰もが数式を展開して行けば自動的に定理が証明できます。次にライプニッツという哲学者・数学者が人間の思考は記号の計算で表されるのだ、と言いました。これが「普遍記号学の夢」と言われる人工知能の源流になっています。

その研究の流れは1956年の学会「ダートマス会議」に流れ込みます。ここでは「人間の使っている言葉・概念を機械にも使えるようにしよう」ということが宣言され「人工知能」という言葉が定義されます。つまり、本書で書かれている人工知能の流れ「人間の思考を参考にキャラクターに知能をつくろう」はここから来ているのですね。

数学の歴史は3000年、物理学の歴史は400年、人工知能の歴史は60年、実は人工知能はまだまだ若い学問なのです。まだ未整備なところがたくさんあります。皆さんが高校で習う勉強は「既に完成された学問」ですが、人工知能はまだまだ工事中なのです。その方がわくわくしませんか？

図 31　サンドバッグとしての存在／生命としての存在の対比

そんなことができるのかと疑問に思う人もいるかもしれません。そもそも現実世界の生物たちのような存在を、デジタル環境でつくれるものだろうか、と。

率直にいえば、僕自身もまだ答えを持っていません。そう聞いてがっかりしたでしょうか。ひょっとしたらあなたは、人工知能について明確な答えや確固たる知識を授けてもらえると期待してこの本を手にしたかもしれません。その場合、著者が「答えを持っていない」なんて、まるで頼りにならないと思うでしょう。でもちょっとだけ待ってください。こんなふうに考えてみたらどうかと思うのです。

世の中には大きく分けて二種類の知識があります。ひとつは小学校から高校までの学校で教えてもらうタイプの知識です。つまり、すでに誰かが「そうなっている」と発見し、確認し終わっている知識ですね。例えば、数学の三平方の定理とか、英語の文法とか、歴史の年号とかです。ときにはかつて教科書に載っていたことが、後から新しい知識に書き換えられることもありますが、いずれにしても教科書に書かれている知識は、おおむね専門家たちの間で「そういうものだ」と合意されているものです。そうした知識を教えてもらって学ぶこと。これが高校までの教育で主に行っていることですね。

それに対してもうひとつ別のタイプの知識があります。この世界について謎がある。人類の誰もまだその問いに対する答えを出したことがない、そんな問いです。例えば、この本を書いている現在、宇宙がどう始まったのかという問いや、人間の心と脳はどう関係しているのかという問い、あるいはすべての素数を表現する方法といった問いに対する答えは分かっていません。つまり、まだ誰も解明していないのでそれを知りたい、というタイプの知識です。そしてこれは高校までの教科書の範囲ではなかなか分かりづらいことですが、世界中のさまざまな領域の研究者たちが日々取り組んでいるのは、こうした未知のほうなのです。人類がすでに知っている既知と、まだ誰も知らない未知の境界線で、既知の領域を広げようとしている知の開拓者《パイオニア》たちと言ってもよいでしょう。これはとてもエキサイティングだし、ワクワクすることです。

もうお分かりいただけたかもしれません。僕がここで探究したいのは、未知の領域を探検するタイプのことなのです。改めていえば問いはこうです。

どうしたら本当の知能といえる人工知能をつくれるか?

こう言った途端にいろいろな疑問が湧いてきます。「本当の知能」ってなんだろう。いや、そもそも「知能」ってなんだろう。それを「人工」的につくるって、一体全体どういうことなんだろう、そんなことできるのかな……。

もう一度申し上げましょう。僕自身もまだ答えを持っていません。そしていまのところたぶん地球上の誰も答えを持っていません。でも、今度はさっきよりちょっと違う受けとめ方をしてもらえるでしょうか(そうだったら嬉《うれ》しいな)。そうです。すでに誰かが答えを見つけておいてくれたことならそれを学べばよいわけですが、まだ誰も答えを持っていない問題については、分からないからこそ楽しいし、分からないからこそ探りたくなります。先ほど「探検」という言葉を使いました。「冒険」といってもよいですね。冒険とは「危険を冒す」ことです。危険といっても、人類を滅亡させようとする人工知能ができてしまう危険とか、そういうものではありません。まだよく分からないことを探究するので、たくさんの間違いや思い違いをおかしてしまう危険です。失敗する危険です。

学校では、たいていの場合、間違えると叱られます。授業中に先生の質問に答えられなければ叱られるし、テストで正しい答えを出せないとバツをつけられます。だから、長年（小中高なら一二年くらい！）そういうふうに考える習慣が身についてしまうと、間違えたり失敗したりすることは、なんだか悪いことのように感じられるかもしれません。でもそれは、既知のこと、すでに分かっている知識についての話です。未知のことについてはそんなふうに考える必要はありません。むしろ試行錯誤や失敗上等です。

ここでこんな言葉をご紹介しておきましょう。物理学の世界で量子論という考え方をはじめたニールス・ボーアがこんなことを言っています。いわく、専門家とは、ある限られた領域のなかで考えうる限りのあらゆる失敗を経験している者のことだ、と。

どういう意味でしょうか。科学者というと、なんだか宇宙や自然について、きちっと正しい知識を持っている人というイメージかもしれません。実はそれは科学者の一面です。むしろ重要なのは、ボーアが述べたように、実験や試行のなかでたくさんの失敗をおかして、「これはうまくいかない」ということを自分で確認していることなのですね。なにしろ自分で失敗した経験がありますから、次からはその失敗を自覚して避けることもできます。

人工知能をつくる場合にもボーアの精神で取り組む必要があります。つまり、試行錯誤を恐れず、失敗上等の気持ちで実験をすることです。これから先は、本物の知能をもっているといえる人工知能をつくるために、その答えを求めて試行錯誤の旅に出たいと思います。できたら、ひょんなことからこの本を手にしてくださったあなたも、一緒にこの旅を楽しんでくれたら嬉しいです。合い言葉は、「分からないことを楽しもう！」としておきましょうか。

さあ、前置きはこのくらいにして、進んでいくことにしましょう。

第二章　環境のなかで人工知能を動かそう

生物学者のユクスキュル（一八六四―一九四四）の考えた環世界。

どんな動物も、それぞれの種に固有の仕方で世界を知覚しながら生きているという概念だ。

ゲームのキャラクターもゲームの世界と影響しあって生きている。

どう影響しあっているか、ここでは考えてみよう。

1　生きものは環境を使う

さて、第一章では、ゲームのキャラクターがものを考えるとはどういうことか、という基本を検討しました。人工知能と聞くと、「知能」という言葉から、考えることや思考に目が向きがちです。でも、考えてみると私たち人間を含む生物は、知能だけの存在、ものを考えるだけの存在ではありません。他にも、期待したり、不安になったり、希望したり、落胆したり、楽しくなったり、悲しくなったりと、さまざまな精神活動がありますね。つまり、なんらかの感情を抱いたり、意志をもったりします。こうした精神の働きを理解しやすくするために、ここでは仮に「知情意」という三分類で捉えておくことにしましょう。つまり、知＝知能・思考、情＝感情・情動、意＝意志です。これは仮の分類なので、もっとよい分け方があれば、いつでも変えてかまいません。

ついでに頭を整理すると、私たちの精神活動には、意識と無意識があります。意識とは自覚がある状態のこと。自分で気づいている状態ですね。それに対して無意識とは、自分では自覚していない状態を指します。例えば、考え事をしながら歩いているとき、意識では昨日友達と交わした言葉について考えているけれど、体は無意識に歩いている、という経験があるかもしれません。

先に進む前にここでちょっと考えてみたいことがあります。私たちの精神の状態は、すみからすみまで自分で意識してコントロールしているものでしょうか。例えば、「よし、これからとっても愉快な気分になるぞ！」と思って笑うでしょうか。そういう場合もありえます。最初は演技のように笑っていたら、いつの間にか本当に楽しい気分になっているということもあるでしょう。でも、日常の多くの場合、私たちの精神の状態は、自分でコントロールしているというよりは、なんだか知らないけれどそうなるものではないでしょうか。お風呂でお湯につかっているとき、気づいたら来週の休日はなにをしようかなと考えているとか、外を歩いていたら全身に陽光の暖かさを感じて「ああいい気持ちだな」と思う、誰かと話している最中に目の前の話とは関係ないことを思い浮かべる、デスクに向かって仕事中、漂ってきた香りで10年前のことを思い出す、などなど。私たちの精神の状態は、自分で能動的に決めているというよりは、周囲の環境とのやりとりのなかで生じてくるといったほうが実感にあっています。そう、深く環境と結びついているのです。

たとえるなら、知能とは海の中の渦のようなものです。海は世界で、渦は知能です。渦は海の一部であり、一つの独立した存在だけれど、海の中で他の部分と相互作用しながら運動していますね。

そう思って観察してみると、人間を含めて動物はよく環境を使います。というよりも、動物はいつもなんらかの環境のなかにいます。起きている間も、眠っている間も環境とやりとりをしている。生きている間ずっと環境を使い続けているといってよいでしょう。ここで「環境」というのは、自然だけを指すわけではありません。ある生物がいるその場にあるさまざまなものや現象を含めて環境と考えます。人間がつくる人工物も含めて環境です。あるいは気温や湿度のようなものも含まれます。

さらに具体的に考えてみましょう。例えば人間が移動する場面は分かりやすいかもしれません。でこぼこした道を歩く。階段を上る。坂道を下る。平地を走る。エレベーターに乗る。こうした移動では、環境のなかの地形、地面の形を使います。あまり地面を使っているという感じはしないかもしれませんけれど、私たちは地面がないと歩けません。

またいろいろな道具を使う場面はどうでしょうか。道具も自分の外側にある環境の一部です。壁で風をしのぐ。スコップで雪をかく。毛布にくるまる。スプーンでスープを飲む。はしごで高い場所に上る。鞄《かばん》で物を運ぶ。本で誰かが書いた文字を読む。人間以外の動物もさまざまな道具を使うことが知られています。小枝を使って巣をつくる小鳥や、地面に穴を掘って棲《す》むプレーリードッグ、投げたボールをとりにいって遊ぶ犬などなど。このように人間も動物も周囲にあるもの、環境を使って活動を組み立てています。

ちょっと図式的になりますが、覚えておきやすくするために、こんなふうに書いてみましょう。

動物＋環境⇓行動

動物がなんらかの環境のなかで、その環境を使いながらある行動をとる、ということをこんなふうに示してみました。行動の結果、動物や環境に変化が生じたりもします。これらが独立してあるのではなくて、組み合わさって存在している点が重要です。

イメージを広げるためにもう一つ別の観点から補助線を引いてみます。稲垣足穂《いながきたるほ》という作家がこんな意味のことを書いています。人が天体望遠鏡で星を見るとき、そこには人と天体望遠鏡と星との三つのものが組み合わさって、天体観察という状態が生じているのだ、と（大意）。

あるいは人が馬に鞍《くら》を置いて乗ると、乗馬という状態が生じます。フランスの哲学者ジル・ドゥルーズと精神科医フェリックス・ガタリは、こうした組み合わせのことを「機械《マシン》」にたとえました。人と環境が組み合わさることで、その組み合わせでしか生じない働きをする機械ができるというわけです。

もちろんこれは譬《たと》えですが、こう考えてみると、一人の人間と環境だけでなく、学校や会社、あるいは社会や国というものも、たくさんの人間や道具や環境が組み合わさった巨大な機械とイメージして考えてみることができます。さまざまな事物や生物が組み合わさることで、ある状態が生じるという見立てです。これを「メカニクス（機械学）」とか「ダイナミクス（動力学）」と言ったりします。「メカニクス」とは世界の仕組みを時計仕掛けのように見立てること、「ダイナミクス」は世界の運動を海の水の運動のように見立てることです（例えば皆さんが高校で習う物理学の力学は英語では「メカニクス」と言います）。人工知能では、「知能のメカニクス」と「知能のダイナミクス」、その仕組みと動きを解明してつくり上げることを目指します。

生きものと環境の関係をさしあたり以上のように捉えて先に進みましょう。

2 地図上で歩くこと、実際に歩くこと

ではゲームの中でキャラクターが環境を使うためにはどうすればよいか。キャラクターと環境の組み合わせから、どんな状態が生じるか。これがこの章で考えてみたい問題です。ただし、環境全般について考えるのは大変なので、ここでは地形と移動について考えてみることにします。キャラクターは地形という環境をどんなふうに利用できるだろうか、というわけです。

このことを考えるために、まずは地図上での移動と実際の移動を比べてみます。

みなさんのなかには、毎日、通学や通勤などで移動している人もいると思います。あるいは、家の周りを散歩したり、買い物に行ったりしているかもしれません。そうした移動の際には、地図を見たりすることがありますね。いまならスマートフォンなどのデジタルの地図も使うことでしょう。

もし手元に地図があったら、ここでちょっと本から目を離して眺めてみてください。紙の地図でもデジタルの地図でもかまいません。地図の上で、例えば家からよく行く場所までの

道を辿《たど》ってみましょう。

いかがですか。地図の上で移動してみるのはどんな経験でしょうか。当然といえば当然のことながら、地図を見る場合、地形を真上から眺めます。それから、出発地と目的地を一望できるかもしれません。「ここから、ここまで」という具合に。また、地図には山や川や海などが描かれていて、その上に道や線路、場合によっては信号、お店、目印になるような施設が記号で示されています。他にも地名などが文字で添えてあります。ですから、地図の上で道を辿ると、そうした図形や記号に抽象化された平面の上を辿ることになります。

他方で、普通地図に描かれる道には、道の材質やでこぼこの具合、どこにどんな草が生えているかといったことは書かれていません。それから、道は多くの場合、二本の平行線で描かれます。いろいろなものが省かれて、とても限定された情報だけで描かれていますね。紙や画面は平らで、もちろん凹凸もありません。

もう少し言えば、たいていの場合、地図は客観的につくられています。ここで客観的というのは、誰が見ても同じように分かるし使えるというくらいの意味です。つまり、多くの人に共通して意味のある要素で組み立てられているわけです。

今度は地図を離れて、実際にある場所から別の場所へと歩く場合で考えてみましょう。例えば家から郵便局まで歩くとします。地図の上では単なる二本の平行線だった場所は、とても見晴らしがよくて歩くと気持ちのよい道だったり、サクラやキンモクセイの木があって季節によって目や鼻にも楽しい道かもしれませんし、ちょっと遠回りでも歩きやすい道だったりします。これは客観的な地図に比べると、主観的な体験です。主観的とは、その人の立場から経験することというほどの意味です。主観的な体験は人によって違います。同じ道を歩いても、どこに目がいくか、どこをよい悪いと感じるか、歩きやすい場所はどこか、といったことも人によって感じ方は違いますよね。

人は、場所から場所へと歩くとき、場所についての主観的な体験に基づいた記憶を蓄積しており、そうした記憶を用いて移動します。例えば、家に近い見慣れた場所は安心しますし、見知らぬ土地にでかけた場合でも自分が泊まっているホテルに近い場所には同じような安心を感じたりするものです。

ここまでの話をまとめるとこうなります。人がある場所から別の場所へ移動する場合、地図の上での移動と、実際の空間の移動を考えることができる。このとき、両者には次のような特徴がある。

・地図　　　客観的に構成されたデータを俯瞰《ふかん》しながら辿る
・現実の空間　人は主観的に環境を経験する

なぜこんな話をしてきたかというと、キャラクターがゲーム世界のなかを移動する場合、どのようにつくればよいかを検討するためでした。地図の上を移動するようにつくるのは比較的簡単ですが、せっかく人工知能をつくろうという機会です。できれば現実の空間を歩くときのように、キャラクターも場所を主観的に経験するようにしたいわけです。つまり、私たちと同じように、空間のなかを移動しながら、いろいろなことを知覚したり記憶したり、感じたりする、そんなキャラクターにしたいと思います。

3　ここ、歩けるかな？

「動物」とは読んで字の通り、動く生き物です。実際、動物は「動く」ことを中心に知能を働かせています。別の見方をすれば、私たちは植物のように、同じ場所で動かずに土や日光から栄養を作れる生き物ではありません。動物は生きるために移動します。生きるために必要な食べ物を探して動くわけですね。それだけに、動物にとって土地の性質や土地についての記憶はとても重要です。例えばどこに行けば水を飲めるかを記憶できなかったら、毎回水を求めてさまようことになってしまいます。

動物は種を問わずみんな、環境の中で自分がどんな行動をできるかを認識する能力があります。例えば、ネコなら高い場所に跳び上れるかとか、クモなら糸で巣を張れるかといったことを認識できます。なにをどう認識できるかは、その動物の体に備わった能力によって違います。

そうした動物の性質を研究する学問に心理学や認知科学があります。心理学はその名の通り、人間を中心として動物の心の性質、心がどんな理《ことわり》で働いているかを探究する学問です。認知科学は、心理学と似た関心をもっていますが、なかでも「認知（cognition）」に注目します。つまり、人間や動物が自分の身体の状態や外界の環境を知覚したり、そこに何かを認識したりする働きに注意を向ける学問です。

また、なかでも「生態学的心理学」と呼ばれる分野は、動物が環境をどう知覚するかを探究する学問です。「生態学的」というのは、「エコロジカル（ecological）」の訳語です。エコロジーとは、ある生物が周囲の環境との間でどんな関係をもっているかを考えるという意味でした。

この生態学的心理学の中核に「アフォーダンス」という概念があります。英語でaffordanceと書きます。「アフォード（afford）」という動詞に由来します。これは、おおまかに言うと「なにかができる」という意味です。認知科学で「アフォーダンス」という場合、ある生物にとって「環境が自分にとって持つ価値」を意味します。「価値」という言葉がちょっと分かりづらいかもしれません。言い換えると、ある生物にとって「その環境にはどんな行動の可能性があるか」となります。要するに、ある環境のなかで、その生物はなにができそうかというわけですね。

例えば、人間の「歩く」という行動について考えてみましょう。足に怪我《けが》などをしていなくて歩ける状態のとき、舗装されて平らな道路であれば「歩ける」と感じられます。いえ、実際にはあまりにも歩くことに慣れてしまっているために、普段歩いているときにはいちいち「ここは歩けるな」と意識していないかもしれません。でも、なにも考えずに歩けるような状況ではない場合はどうでしょうか。例えば、道いっぱいに水たまりがあるとします。これだけなら靴が濡《ぬ》れるのを我慢すれば歩けると思うかもしれません。でも、さらに水たまりがぼこぼこと泡を吹きあげていたらどうでしょうか。どうも道に穴でも開いて、水が噴き出しているると感じて、足を踏み入れられないと感じるかもしれません。

あるいは、高いビルの間に一本のロープが渡されていて、「ここから向こうのビルまで100メートルあるけど、もし無事にわたりきったら賞金をあげよう」と言われたらどうでしょう。あなたが綱渡りのトレーニングを積んでいる場合は「うん、歩ける」と思うかもしれませんが、そうでなかったら途中で落ちてしまうと感じるかもしれません。と、ちょっと極端な例を出しましたが、普段何の気なしにやっている、というか、やっているとさえ意識せずにやっている歩くという行動も、環境によっては「歩ける」「歩けない」という感じを受ける、という話をしたかったのでした。つまり、これは普段は無意識で判断していることですね。

先ほどのアフォーダンスという概念を使って言い直してみましょう。「歩く」という行為に対して、環境が持つアフォーダンスは「ここは歩けますよ！」という情報として感知されるわけです。動物は、変化する環境のなかで、周りにあるものや状況から、「なになにができる」という情報を感知しています。これをまとめてアフォーダンスと呼んでいるのでした。名前がついていると説明に便利です。この後もときどき出てくると思いますので、「あれ、なんだっけ?」と分からなくなったら、ここに戻って確認するといいですね。

さて、動物はどんなに新しい環境でも瞬時にそれを認識します。例えば、自分たちの場合、人間の場合で考えてみましょう。私たちは、山登りをしていても、新しい街に行っても、すぐにそこを認識して歩けます。子供は歩けるようになると、その能力を発揮して歩けそうなところをひたすら歩こうとします。これはどんな動物も持っている基本的な能力です。そして、とても高度な能力です。例えば歩くロボットをつくってみたりすると、いっそう痛感できます。ロボットに一定の歩き方を教えたとしても、現実には地面の状態は場所によってさまざまです。平らな場所ならうまく歩けるロボットでも、凍ってつるつる滑る場所や、でこぼこした道、あるいは滑りやすい斜面などではお手上げになったりします(インターネットで歩行ロボットの開発者たちがどんな試行錯誤をしてきたかを見られる映像がたくさん公開されていますので、探してみるとよいでしょう)。

ところが面白いことに、私たちはそういった能力を意識することはありません。見知らぬ場所を歩くとき、いちいち体のここの筋肉をこう伸ばして、こっちの筋肉を縮めて、このタイミングで力を入れて……ということを意識しながら歩いたりはしません。というよりも、自分の体のこととはいえ、どの筋肉がどういう状態にあるかをくまなく意識することもできません。つまり、私たちは自分でも意識しないまま、地面の状態にあわせて歩いているのです。もう少し強調すれば、無意識で動いています。

しかし、未知の場所を散歩する場合にも、体はその能力を最大限駆使します。人間も動物も自分の持っている能力を最大限駆使できると興奮して楽しくなりますので、見知らぬ土地を全速力で駆け抜けるときなどは高揚した気持ちになります。

4　キャラクターも主観的に歩かせたい！

以上は動物の場合でした。今度は私たちがつくろうとしているゲームのキャラクターについて考えてみましょう。

先ほども少し述べたように、こうした人間や動物が備えている能力をロボットや人工知能に与えるのはなかなか難しいことです。ロボットや人工知能をつくる場合、基本的にはなんらかの設計をします。つまり、「こういう場合はこう動け」という命令や、それを実行できる仕組みを組み合わせてつくります。しかし、この方法ではどんな状況でも柔軟に対応できるロボットや人工知能をつくるのは難しいのですね。

では、人間や動物のように主観的に環境を認知したり利用したりする人工知能はつくれないのでしょうか。

動物のようにするのは無理だとして、違う角度から考えてみましょう。動物のやり方をそのまま真似《まね》するのは諦めるというか、別の方法を採ります。人工知能にとって、最も難しいのは、複雑で多様な環境からアフォーダンスを感じとることです。歩行でいえば、「ここは歩けそうか」と判断するのが難しいのです。逆に、そうしたことを難なくこなしている人には、どうして難しいのかが分かりづらいかもしれません。

そこで、キャラクターに対して、アフォーダンスに相当するデータを人間が用意して与えるというやり方を考えてみます。ちょっと（いや、だいぶ）ズルですが、ここではまずつくり進めてゆくことを考えましょう。

例えば、キャラクターがある場所にいるとします。そうですね、建物がたくさんある街の中だとしましょうか。私たち人間なら、街中を歩くとき、電柱や看板、建物にぶつかったり、蓋の開いたマンホールに落ちたりせず、歩ける場所を（それと意識せずに）見つけて歩いてゆけます。もちろんよそ見をしたり、手元のスマートフォンを見ながら歩いたりすれば、あちこちぶつかったり、穴に落ちたりする可能性もありますが。

しかしキャラクターはそういうわけにいきません。第一章で述べたことを改めて思い出しましょう。ゲームの世界に登場するキャラクターは、作者であるあなたが与えたものしか備えていません。なにもしなくても自動的にいろいろ判断したりはしないわけですね。いまの場合で言えば、そのままでは、どこを歩けるのかを自分で判断できません。

試しに頭のなかでシミュレーションしてみましょう。こういう場合、頭のなかでああでもないこうでもないと試してみるのはよいやり方です。もちろん紙や画面に書いたほうが分かりやすければそうするのもいいですね。ともかく、「こうしたらどうなるかな？」と想像してみるわけです。いま、キャラクターが建物の密集した場所にいるとします。そして、道に沿って歩かせたいとしましょう。このキャラクターにどんな命令を与えれば、うまく歩くでしょうか。ちなみに「ものを避《よ》けて歩け」という命令はできません（そうできたら随分ラクチンなのですが！）。できるのは、「こういう場合はこうしろ」という条件分岐と、歩くという行動だけです。条件分岐とは、プログラミングの用語で「もし（if）これこれこうだったら、（Then）こうする」という形式で表現されます。

第一章で考えたように、このキャラクターには一応視覚と聴覚が備わっています。また、このゲームの世界は三次元のグラフィックでつくられています。キャラクターは、眼の前に

図1　キャラクターの視野

広がる空間を見ることができます。じゃあ、それをもとにして、建物とかモノを避けるようにすればいいじゃない、と思うかもしれません。

でも考えてみてください。このキャラクターは、確かにグラフィックでつくられた世界を目にしています。でも、この段階ではまだ、直面している世界をどのように解釈するかという、認知の機能は持っていません(図1)。

だから、図のような景色が目の前にあるとしても、それがどのようなアフォーダンスをもたらすのか、この空間で何ができるのかを判断できません。ただ単にこういう景色が見えているだけです。ここからアフォーダンスを得るためには、そもそも「あ、この板みたいなのは扉だ」と、見えているものがなんなのかを認知する必要があります。ただ見えているのと、それが

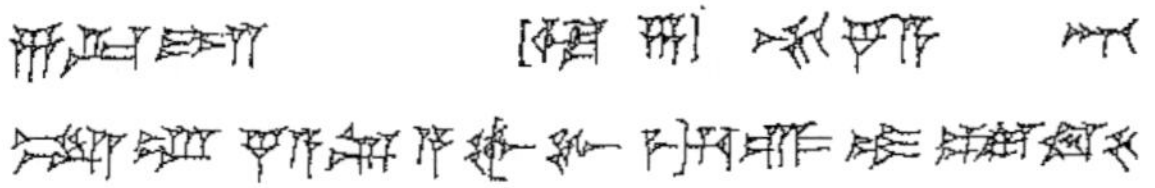

図２　図形？　文字？

自分にとって何を意味するのかを認知するのとは別のことです。

こんな例で考えてみましょうか。例えば、紙の上にこんなふうになにかが見えます（図２）。

この図を見て「おや」と意味が分かった人は、この図形のようなものが文字であること、また、それが古代の楔形《くさびがた》文字であることをすでに知っている人です。でも、これがなんだか分からない人にとっては、意味不明の図に過ぎません。「うーん、文字かもしれない」ぐらいまでは想像がつくとしても、なんだか分かりません。

キャラクターが、なにか眼の前の空間を画像として見ているとしても、その意味が分からない状態もこんな感じです。見てはいてもなんなのかを認知できない状態です。ついでに言えば、この図を見て、「読める、読めるぞ！」となった人は、楔形文字で表されているのがアッカド語で、「ギルガメシュ叙事詩」であることが分かるでしょう。

ということは、アッカド語を勉強して文字や単語や文法を記憶すれば、さっきの図を文字として、叙事詩として読めるようになるはずですね。同じようにキャラクターにも、いろいろ教えて記憶させれば、眼に見えている画像を空間として認識できるんじゃないか、と思うかもしれません。

鋭い。正解！　と言いたいところですが、実はそのやり方ではうまくいきません。そこには「フレーム問題」と呼ばれる人工知能で古くから知られている問題が壁として立ちはだかっています。ごくかいつまんで言うと、人工知能に「これはテーブル」「これは鉄柱」と知識を与えるだけでは、うまく状況を判断できないという指摘があります。なぜかというと、環境のなかにアフォーダンスや意味を見つけ出すためには、ものを認知する枠組み（フレーム）が重要になるからです。どういうことか、具体的に説明してみます。

5　フレーム問題が立ちはだかる

例えば、私たちなら、外を歩いていて疲れたときに「座りたいなあ」と思ったら、その辺に座れる場所をぱっと見つけられますよね。本当は座るためのものではないゴミ箱とか柵とか縁石にひょいっと座れます。これはつまり、本来必ずしも座るために用意されたものではない環境のなかに「座れる」というアフォーダンスを見出《みいだ》しているわけです。

しかし、人工知能にこれをやらせようと思ったら、そもそも「座れる」とはどういうこと

コラム3 「AIの種類――記号主義とコネクショニズム」

人工知能には2種類あります。これを理解すると人工知能がわかりやすくなり、発想が広がるので説明してみます。

一つは「記号主義型」。記号（言葉・シンボル）で作る人工知能です。本書で説明されている手法はすべて「記号主義型」です。記号を中心に認識・思考を作っていますね。「敵」「味方」「ポイント」「ゴール」などです。我々が自分で意識する精神活動も記号的です。「明日」「昼ごはん」「靴」「友達」など、人間の知能も記号で構造化されているのですね。この応用例が、膨大な記号の関係を蓄積した、皆さんが毎日使っている「検索エンジン」や「IBM Watson」です。論理的思考が得意です。

もう一つは「コネクショニズム」です。生物の脳は「ニューロン」と呼ばれる電気を貯める「イオン（皆さんが化学で習う）の袋」で出来ています。人間の脳には1000億個あって「シナプス」という接続部でつながっています。この間を電気が流れることで人間は思考しています。コネクショニズムは、この電気の流れをシミュレーションすることで知能を作ります。この応用例がニューラルネットやディープラーニングです。プロ棋士を打ち負かした囲碁AI「AlphaGO」や、画像認識・生成の人工知能です。直観的な判断が得意です。

「記号主義」は人間の精神構造を、「コネクショニズム」は人間の脳の物理的構造を真似した人工知能です。このように人工知能を理解するには、数学・化学・哲学・医学など幅広い学問が必要です。逆に言えば、高校で習う勉強のすべてが必要なのです。

かを教える必要があります。これは一見簡単に見えます。でも、私たちが座る場合、じつにさまざまな状況で、じつにさまざまな姿勢をとりますね。じゃあ、どんな姿勢で座ればよいのか。仮に目の前に座れそうな場所をいくつか見つけられたとして、一体どれに座ればいいのか。その場所に他の人がすでに座っていたとしても、人工知能としてはその人の膝も座れる場所かもしれず、座ってしまってよいのか。駄目だとしたら、どんな場合は座れそうでも座ってはいけないのか……。

こんな具合に、物事はいろいろ関係しあっていて、考えなければならないことが山のように出てきます。でも人間なら、いろいろあるところをぱっと判断して座る場所を選べます。お花見でよさそうな場所がたくさんあって迷ったりすることはあるでしょうけれど。人間は複雑な状況でも、そこからぱっとなにかを選ぶとき、なんらかの枠組みをつくっているわけです。そして、その枠組みに関係ないものを無視できます。すでに人が座っているところは論外だし、座ったらおしりが汚れそうなのもいや。友達が来るまで少し時間があるから、なるべく楽に座れそうで、できれば人通りがあまりないといいな。というので、「あ、あそこ」と選びます。それ以外にも本当は考え始めたらいくらでも検討事項があるかもしれないのですが、適当なところで選んでしまえる。これが人工知能にとってはじつに難しいのです。人工知能にいろいろな知識を教えることはできても、判断しなければならない材料をどう解釈すればよいかという枠組《フレーム》みを適切に処理できないからです。これをフレーム問題といいます。

つまり、このフレーム問題をうまく解決できない限りは、人工知能に人間と同じようなやり方で物事を判断させるのは難しいわけです。いま私たちが取り組んでいる、歩くという課題についても同様です。

6 キャラクターを導いてあげよう

というわけで、気を取り直して前向きに考えましょう。なにかをつくろうという場合、失敗上等、うまくいったらラッキーぐらいのつもりで、試行錯誤を楽しむのが大切です。

キャラクターが自分で空間からアフォーダンスを得るのは無理として、それならどうするか。ならば、どこを歩けるかということを、あらかじめ人間がデータとして用意してはどうか。キャラクターは、空間のなかを移動する際、いまいる場所ごとに、人間が用意しておいてくれた移動可能性を示すデータを確認して、「こっちは移動できる」と示されている方向に移動すればよい。こういう作戦です。そういうデータをつくる手間はありますが、これなら実現可能です。

こうしたデータのつくり方には、いろいろなやり方があります。現在基本的な方法としては「メッシュ法」というやり方があります。メッシュ（mesh）とは「網」という意味です。三次元で表現されるゲーム世界のなかで、いまの場合なら、「歩ける場所」に網をかけるのです。網の形は、三角形を使うのが基本です。さまざまな立体物を、三角形に分割できるからです。ゲームの地形は、そもそもポリゴンという三角形で作られていますので、その歩ける部分だけを、さらに三角形で覆うようにします（図3）。

他にも第一章で見たように、点を使う方法もあります。考え方はメッシュ法と似ています。ゲームの空間のなかで歩ける場所に「ここは歩けるよ」という点を置くわけです。このような点を「ウェイポイント」と呼びます（図4）。

つまり、そのままではただの画像に過ぎないゲームの空間のなかに、「ここは歩けるよ」というアフォーダンスの印をつけておくという発想です。こうしておけば、キャラクターは、いまいる場所から眼に見える範囲にあるメッシュや点、つまり歩けるメッシュや点を辿って目的地に向かえます。いま説明したデータのことを「ナビゲーション・データ」と言います。ナビゲートとは、もともと船が進むことを意味していますが、ここではどっちに進んだらよ

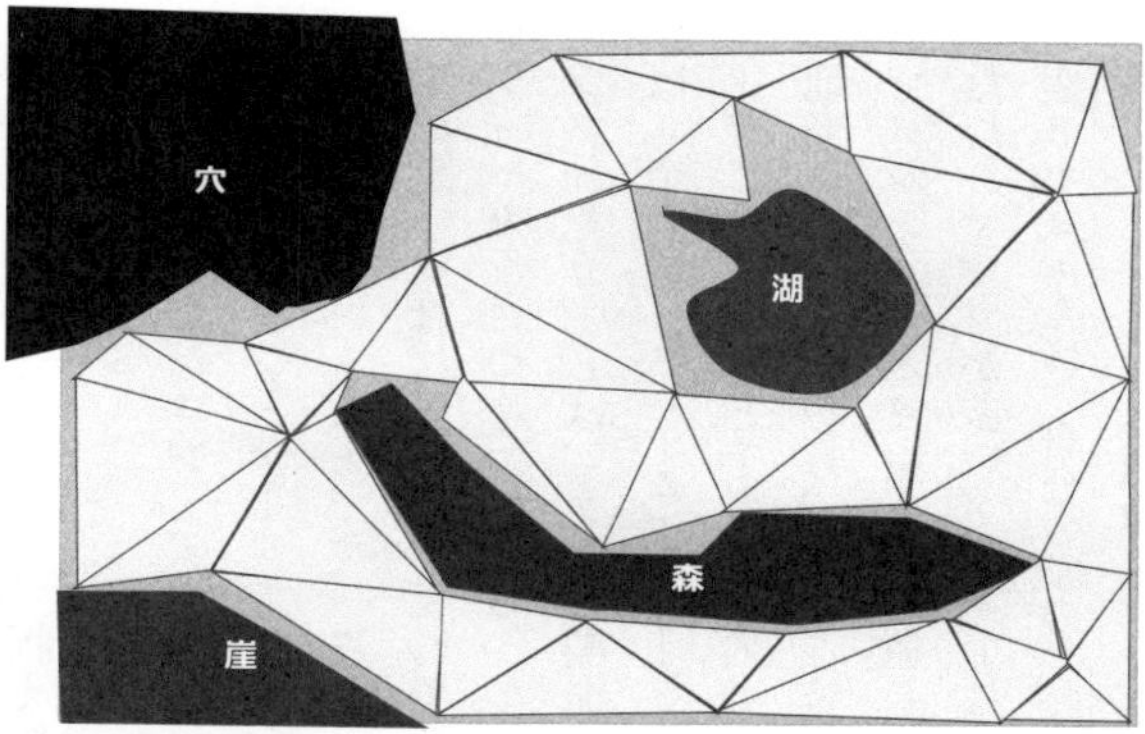

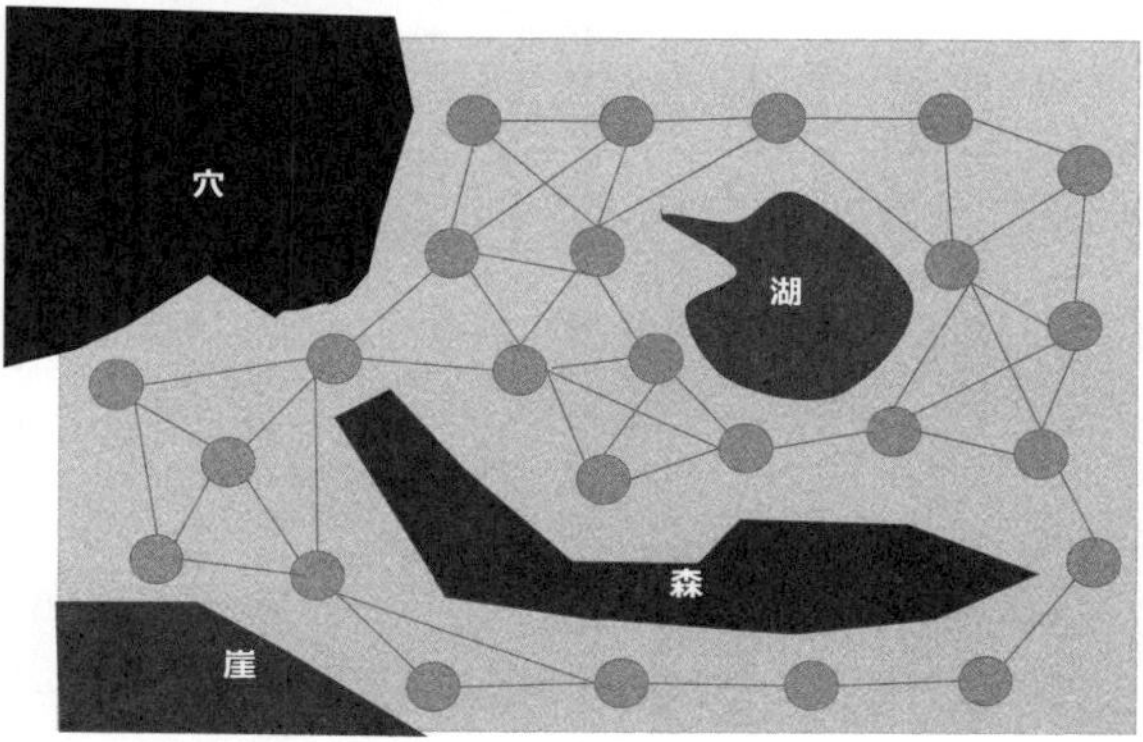

図３（上）　地形とナビゲーション・メッシュ
図４（下）　地形とウェイポイント

いかを案内するという意味で捉えておくとよいでしょう。

このナビゲーション・データについて、もう少し具体的に見てみます。ナビゲーション・データで重要なのは、ある場所のメッシュや点が、お隣のメッシュや点とつながっていることです。キャラクターは、このつながりを辿って目的地まで行くのです。

このデータは、どうやってつくるかというと、マップが比較的小さいゲームなら、3Dグラフィッカーにつくってもらってもいいですし、プランナーがつくることもあります。3Dグラフィッカーとは、ゲーム開発の専門家の一種で、三次元映像をつくる人です。プランナーは「企画者」「ゲームデザイナー」などと呼ばれることもあります。ゲームのもととなるアイデアや設定などを考える人です。誰がつくるにしても、3Dグラフィックツールで画面に地形を表示しながら、「ここは歩けることにしよう」「ここは歩けない」というふうに、自分でメッシュやポイントを配置してゆくわけです。

ただしマップが広いゲームでは、こうしたナビゲーション・データをつくるのは、とても大変です（例えば、自分の家の半径1キロの空間に、10メートルおきにメッシュやポイントを自分で置いていくところを想像してみてください。逃げたくなるでしょう?）。実際には、地形のデータをもとにして、プログラムで、ということはある規則に従ってナビゲーション・データを自動的に生成します。

いずれにしても、このデータは、キャラクターが使うものです。普通はプレイヤーの目に触れることはありません。

7　検索しよう

さて、ナビゲーション・データが用意できたとしましょう。つまり、3Dマップのなかで歩ける場所にメッシュや点を配置したとします。次はどうしたらよいでしょうか。

今度はキャラクターの立場になって考えます。人間が用意してくれたナビゲーション・データをどんなふうに使うかという話ですね。そこで「検索」（「探索」という場合もあります。いずれもSearchの訳語です）がキーワードになります。

「検索」と聞くと、インターネットや図書館を連想するかもしれません。「ハヤシライスレシピ」などとウェブで検索したり、「カフカ　城」などという具合に本を探したりしますね。

ここでいう「検索」とは、データベースから、なにか必要なデータを探して取り出すことを指しています。データベースというのは、なんらかのデータを集めたもののこと。ベースにはいろいろな意味がありますが、「基盤」とか「土台」といった意味があります。

例えば、本のデータベースなら、書誌という本のデータが集められています。書誌には、著者名、書名、副題、シリーズ名、訳者名、版元、刊行年、価格、言語、ISBN、分類番号などなど、さまざまなデータが含まれています。国立国会図書館の書誌データベースには、これまで日本で刊行されて、国会図書館に納品されたすべての本の書誌が集められています。

書誌データは、実際には特定の順序で並べられています。例えば、書名を五十音順、アルファベット順で並べるといった具合です。そういうデータの塊に対して、「カフカ」という言葉で検索をかけると、プログラムが書誌データ全体のなかから「カフカ」という言葉を探しだすわけです。インターネットの検索も基本的には同様です。

さて、話を戻しましょう。目下の課題は3Dマップとナビゲーション・データを用意してある場合、キャラクターは現在地から目的地までの道のり、経路をどうやって探すかです。移動する経路を探すので「パス検索」と呼ばれます。実際のゲームでは、ナビゲーション専用の人工知能プログラムを用意したりします。これは「ナビゲーションAI」と呼ばれます。

キャラクターは、いまいる場所から目的地までのパスを、ナビゲーションAIに問い合わせます。すると、ナビゲーションAIが、先ほどのナビゲーション・データに対して検索をかけて、「パス検索」を行います。もちろんナビゲーションAIに頼らず、キャラクターが自分でパス検索を行ってもよいのですが、専門家を用意したほうが、なにかと効率がよくなるのでこういうやり方をします。

では次に「ナビゲーションAI」がどんなふうに動作しているかを見てみましょう。これが分かれば、キャラクターを適切に移動させられるわけですね。

まず、自分がキャラクターになって、マップの上にいると想像してみましょう。マップにはナビゲーション・データが敷かれています。そして、目下の目的は、いま自分がいる地点から、遠くにある目的地まで行くことです。ナビゲーション・データを辿って目的地を目指したい。でも、いまいる地点からは目的地は見えません。間に森があって、視界はさえぎられています。

目的地に確実に辿り着くにはどうするか。特に目的地が見えない場合はどうするか。地図を見るように上から俯瞰もできるだろうから、目的地まで見通せばいいじゃないと思った人もいるかもしれません。もちろんそういうやり方もできます。ここでは、そういう神の視点を持っていないキャラクターが、できるだけ自力で目的地に移動する方法を考えてみたいので、神の視点は利用できないことにします。

では、どうするか。まずはちょっと試してみるというのはよいやり方です。つまり、自分がいる地点からあらゆる方向に少しずつ進んでみるのです。まずは自分のいるポイントのお隣のポイント、次に二個先のポイント、三個先のポイントを順に探してみるのです。すると、いつか目的のポイントに辿り着けるはずです。この方法は「ダイクストラ検索法（Dijkstra-search)」と呼ばれています。ダイクストラというのは、このやり方を発見した人の名前です。アルゴリズムに自分の名前がついているなんて、かっこいいですね。

図5をご覧ください。スタート地点から隣のポイント、その隣と矢印が徐々に伸びてゆく様子が分かると思います。図でもそうなっていますが、場合によっては目的地までの経路が複数見つかる場合もあります。こういう場合、他に理由がなければ、短いほうを選べばよいですね。図では、大きく左回りと右回りの経路が目的地までつながっていますが、左回りのほうが短いです。パスの経路の長さとは、この短い矢印の長さを出発点からゴールまで足し合わせたものになります。

この図を見てこう思った人もいるかもしれません。もしあらかじめ目的地の座標や方向が分かっているなら、最初から目的地の方向に近いポイントを辿ればよいのではないか、と。

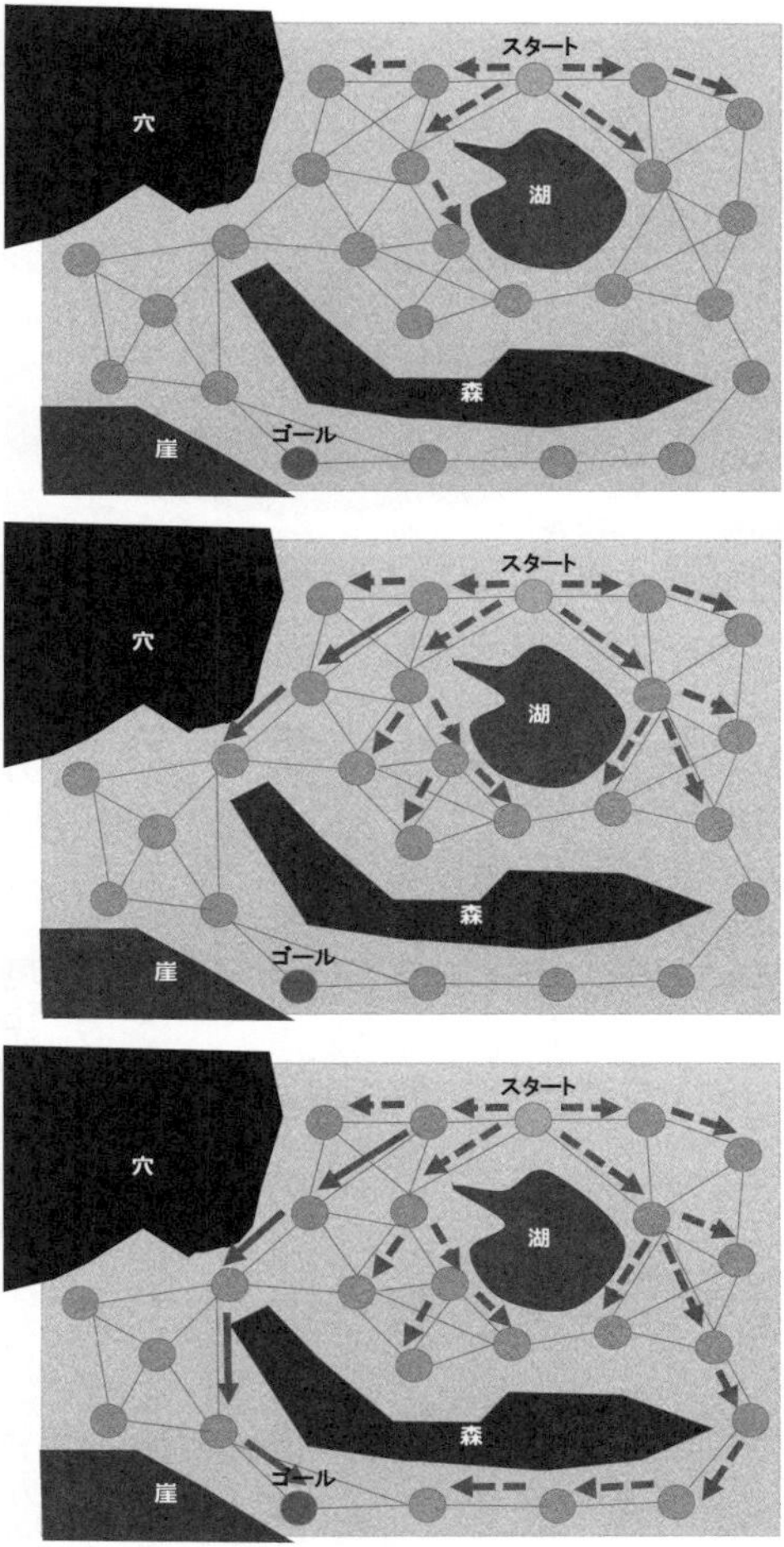

図5　ダイクストラ検索法で考えてみる

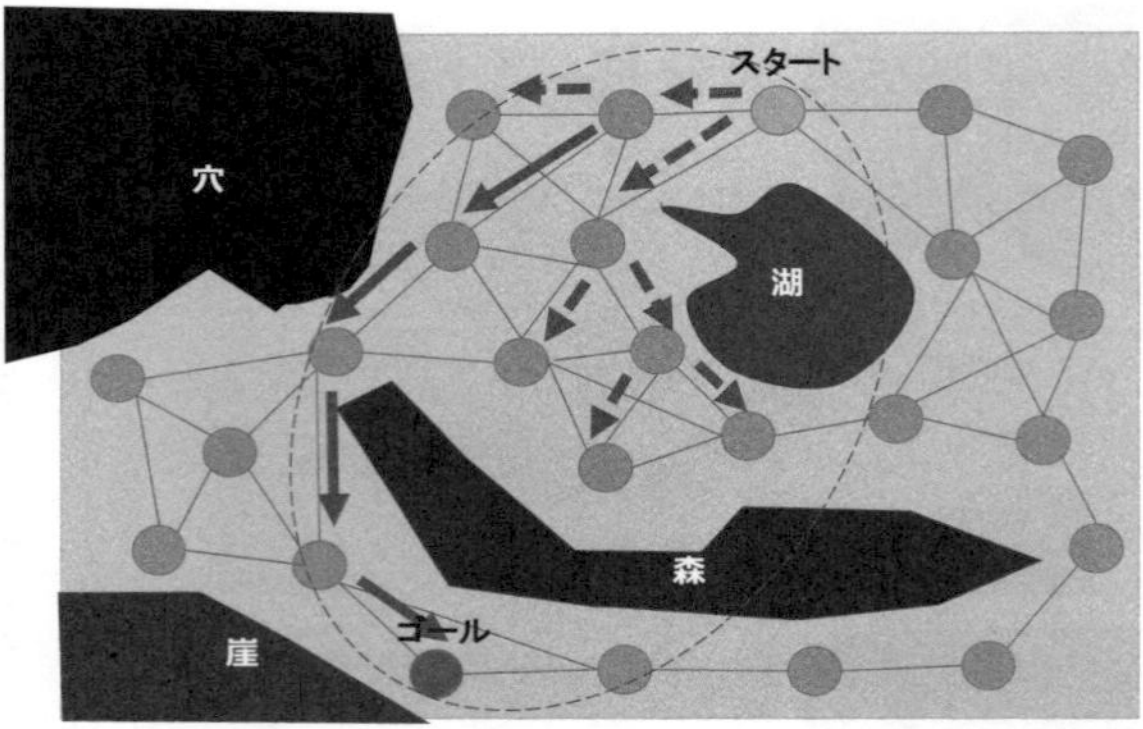

図6　ナビゲーション・データとA*検索

この図では、現在地から目的地は左斜め下方向にありますね（キャラクターの視点では右前方となります）。ならば、右回りは考えず、最初から目的地に近い左回りを辿ろうという考え方です。この方法は「A*検索」（A*-search／エースターサーチ）と呼ばれています（図6）。不思議な名前ですが、この検索法を発見した論文で、このA*という記号が使われていたので、こう呼ばれています。実際、A*検索を使ったほうが早い場合もあります。ただし、ちょっと考えてみると分かりますが、目的地の方向が行き止まりの可能性もあります。

先ほどと同様にゲームマップに降り立って、自分がキャラクターになったと想像してみましょう。目的地は森の向こうのある地点であると分かっているとします。今度はA*検索の考え方に従って、常に目的地の方向に向かってポイントを辿って行きます。目的地から遠ざかる方向は、そもそも探らないようにします。

補足すると、こうした検索には時間がかかります。理解のために単純化して、あるポイントから、その隣のポイントにつながっているかどうかを確認するのに1秒かかるとしましょう。ダイクストラ検索法では、21秒が必要になりますが、A*検索法がうまく行った場合は11秒で済みますね。コンピュータでなにかをする場合、一つ一つの処理には必ず時間がかかります。コンピュータの性能がよくなっているので、人間が気づかないほど短い時間で済んでしまうことも多いのですが、それでも時間はかかります。なぜなら、コンピュータの電子回路のなかを電子が移動して命令が解釈・実行されるという、物理的な装置だからです。

それはともかく、いま検討した二つの方法を使えば、キャラクターは現在地から目的地まで移動できます。もちろんこの二つだけが正しいやり方というわけではありません。自分でもいろいろなやり方を工夫してみるといいですね。

8　場所の価値は行動で決まる

さて、先ほど地図と現実空間の移動を比べたのを思い出しましょう。地図のほうは客観的で、現実空間のほうは主観的な体験でしたね。いま考えた移動法は、どちらかといったら、地図の客観的な移動でした。でも、私たちは、できたらキャラクターの主観的な移動をつくりたいわけです。では、どうしたら動物が体験するような主観的な移動をつくれるでしょうか。次にこのことを考えてみます。

以下では、ゲームに登場するモンスターの立場になって考えてみます。モンスターは、このゲームの世界でプレイヤーの遊び相手になる存在です。いうなれば、よき遊び相手になるように、人工知能のプログラムをつくってモンスターに生命を吹き込むわけです。

さて、モンスターの仕事は、第一章と同様にプレイヤーキャラクターを見かけたら戦って倒すことだとしましょう。戦うのが仕事です。一口に戦うといっても、場所によって随分と状況がちがいます。できれば不利にならないような場所で戦いたいし、もっといえば勝てる場所を選びたい。では、どう考えたらよいでしょうか。

そのつもりでもう一度マップを眺めてみましょう（図3）。マップには、巨大な穴や崖や湖や森がありますね。モンスターの立場からすると、プレイヤーと戦う際、突き飛ばされたり、後ずさったりする可能性があります。そう考えると、穴の開いている場所は避けたいし、なるべく通りたくありません。また、崖のような場所では、追い詰められてしまう可能性があります。ただ、見方を変えれば、自分が相手を追い詰めるのによい場所です。

こんなふうに考えてゆくと、マップ上のさまざまな場所は、単なる通り道ではないことが見えてきます。そこで何をするかによって、いろいろな価値を持つのですね。例えば、戦いに有利な場所、不利な場所、どちらにもなりうる場所、という具合に。いまの話では、場所とモンスターの行動をくみあわせて考えたことに注意しておきましょう。そう、同じ場所でもどんな行動とくみあわさるかで、価値が変わったりもするのです。

理解を深めるために、私たち自身を例に考えてみましょう。自分が住んでいる周囲には、いろいろな場所があって、それぞれについて異なる印象や価値を感じていたりします。「家から駅まで行くとき、あの道が一番近道だけど、道が狭いのに車通りが多くて危ないんだよな」とか「近所にコンビニが二軒あるけど、チョコが欲しいときはAがよくて、日用雑貨が欲しいときはBがいいんだよね」とか「暗くなってから帰宅するときは、近いけど暗い道より、ちょっと遠回りだけど明るい道がいいな」「近所のケーキ屋さんに行くときは、見晴らしのいい丘の道を歩くのが好き」など。ぜひご自分の場合でも考えてみてください。いま住んでいる場所の周りについて、さまざまな印象を持っていることが分かるはずです。さらに言えば、同じ場所でも、時期によって、あるいは人によって印象が違うかもしれません。子供の頃好きだった場所が、大人になってからはそうでもなくなったとか、自分にとってはなんだか分からない草がたくさん生えている場所が、ある友だちにとっては植物採集にうってつけの場所だったり。

そんなふうに、一口に「土地」とか「場所」といっても均一のなにかではなくて、それぞれの人に対して、異なる意味や価値を与えているわけです。土地は人の心理とともにあるといってもよいでしょう。これを「主観的な土地の感覚」と呼ぶことにします。「主観」とは、「私から観た」というほどの意味です。

9　主観的な土地の感覚をつくろう

さて、私たちのゲームに戻りましょう。以上を踏まえて、キャラクターにもそうした主観的な土地の感覚を与えてみたいと思います。

先に進む前に、ちょっとここで立ち止まって考えてみてください。いったい、どうしたらゲーム世界のキャラクターに、そうした主観的な土地の感覚を授けられるでしょうか。できたらノートにアイデアをいろいろ書いてみるとよいですね。言い忘れましたが、この本のようになにかをつくってみようという場合、教えてもらった通りに試してみるというのも一つのやり方ですが、もっといいのは、教えてもらう前に自分でもあれこれ考えてみるというやり方です。別に正しいやり方に辿り着かなくてもかまいません（テストじゃないし！）。自分で「こうかな」「これでどうかしら」と考えてみることが肝心なのですね。というわけで、せっかくの機会なので考えてみてから、戻ってきてくださいな。

*

では改めて、キャラクターに土地に対する主観的な感覚を与えてみましょう。いろいろなやり方が考えられますが、少なくともキャラクターは、土地のそれぞれの場所を区別する必要がありそうです。つまり、キャラクターから見て「ここは丘の上」「ここは穴のそば」「ここは崖」という具合に、場所ごとの違いを区別できる必要があります。なぜかといえば、土地のそれぞれの場所の違いが分からないと、そもそも「ここは戦いによい場所」とか「不利な場所」という区別もつかないからです。

そこで、マップのさまざまな場所を区別する仕組みをつくります。簡単に考えるなら、マ

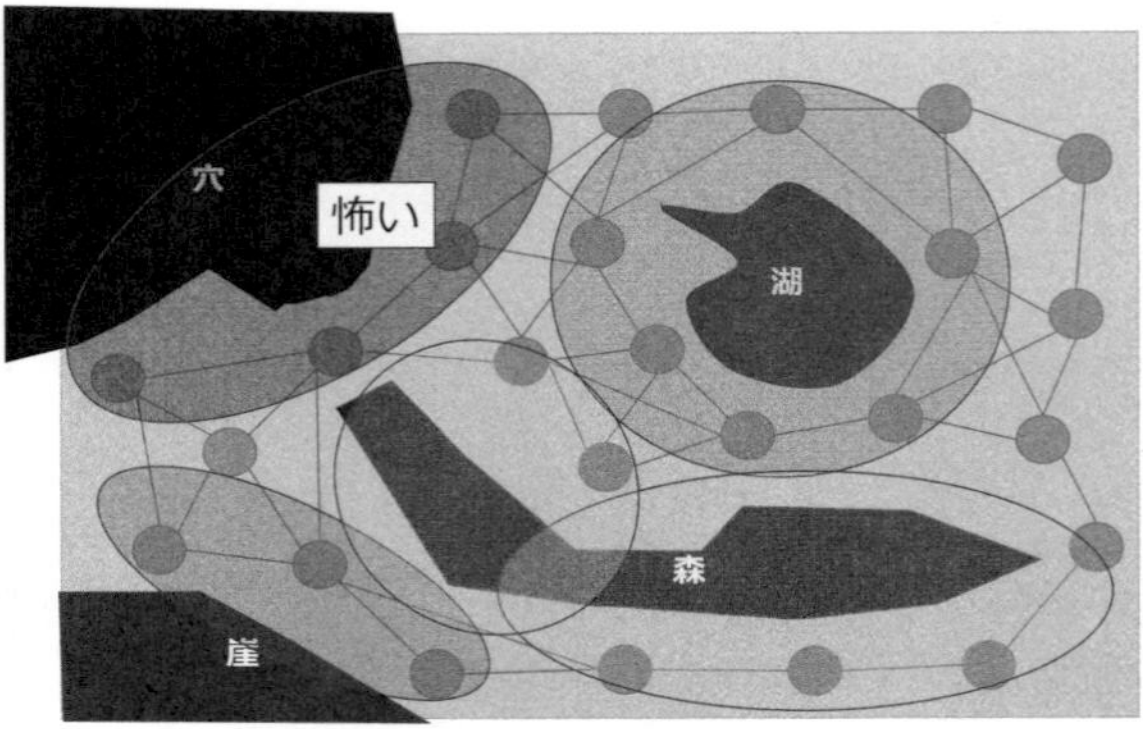

図７　ドラゴンの地形認識。楕円で囲んでいるのが、主観的な場所の領域

ップ全体を小さな領域に分ければよいですね。こんなふうに（図７）。

こうすることで、それぞれの領域を互いに区別できます。区別のために、マップの一部を「領域」と呼ぶことにします。

次に、それぞれの領域に対するキャラクターの感覚について考えましょう。どうしたらよいでしょうか。先ほどマップを領域に分けました。単純に考えるなら、それぞれの領域について、あるキャラクターがどんな評価をしているか、ということを決めればよさそうです。例えば、泳ぐのが苦手なキャラクターなら、水の領域には近づきたくないとか、飛べるキャラクターなら、山の頂のような高いところも「行ける場所」だと評価する、という具合です。

同じ領域でもキャラクターの種類によって評価はちがう可能性があります。そこで登場するすべてのキャラクターのそれぞれについて、そうした領域に対する評価データをつくればよいわけです。ここでは、シンプルに考えられるドラゴンから始めてみましょう。というのも、ドラゴンは空を飛べるので、比較的自由に移動できるからです。

自分がドラゴンだと想像してみましょう。ドラゴンは大きくて重たくて強いです。ですから、ドラゴンになったら崖や湖を恐れる必要はありません。ただしファンタジーゲームに出てくるドラゴンはバランスが悪そうです。穴に近づいたら落ちてしまうかもしれません。そこで、ドラゴンにとって、穴の周りの領域は「怖い」のであまり近づきたくない場所ということにしましょう。そのために移動に必要な「コスト」を上げておきます。

先に説明した「パス検索」では距離だけが問題でした。なるべく短いパスを探すので「最短パス検索」と呼ばれます。それに対して今度は「コスト」を考慮します。「コスト」とは何かというと、その場所を通るときの、負担を数値にしたものです。距離もそうですが、「怖い」というのは心理的な負担ですし、足場が悪ければ物理的負担にもなります。それらをまとめて「コスト」と呼びます。

また、距離だけではなく、距離を含めたコストを考慮に入れたパス検索のことを「最小コストパス検索」と言います。あるパスのコストはどうやって求めるかというと、スタートからゴールまでの、パス上のすべてのコストを足し合わせます。距離は幾何学で習う方法を使えば計算できます。他方で心理的コストなどは主観的な値なので、よい意味で適当に決めるしかありません。例えば、「怖い場所」は＋0.2、「危険な場所」は＋0.9などです。これを距離のコストに足し合わせます。

さて、こうしておけば、パス検索をした際にも、穴の周囲を通るパスはコストが高くなるので検索されにくくなります。結果的にドラゴンは、湖付近から崖付近に行くときも、穴を避けて森を迂回《うかい》するようになります。プレイヤー（プレイヤーキャラクター）から見ても、ドラゴンは穴を恐れているように見えるはず。

今度は小さなモンスターを考えてみましょう。そうですね、リスぐらいの大きさで緑色のモンスターです。名前がないと不便なので「リスー」と名付けましょうか（え？ ベタすぎる？）。自分がこの「リスー」になった気持ちを想像してみます。リスーは小さいので、穴の近くでもちょっと離れて歩けば落ちる心配もありません。森の近くなら物陰にまぎれて死角に入りやすいですし、緑色は森では保護色になります。というわけで、比較的安全な森の

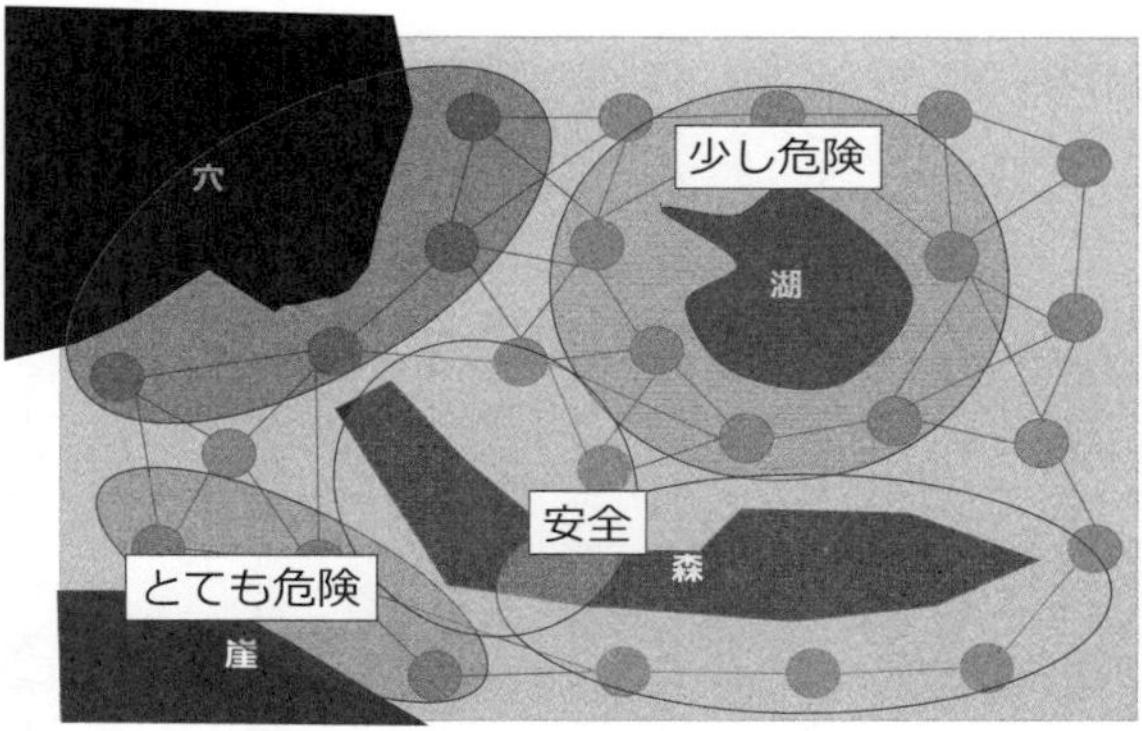

図８　リスーの地形認識

周りに生息することにします。

リスーにとって森の周りは「安全」です。ときどき湖に水を飲みに行くときはプレイヤーに見られないかドキドキです。姿が見えやすい湖の周りは「少し危険」です。崖は逃げ場がないので「とても危険」です（図８）。「少し危険」な場所はコストの設定を上げておき、崖は「とても危険」なので、かなりコストを上げておきます。するとリスーはパス検索に従って、崖に行くぐらいなら穴の方を迂回するようになり、湖は水を飲みたいときにだけ近づくようになります。

このように、領域に対して移動に必要な「コスト」を調整すると、それぞれのキャラクターが見ている世界をつくれるわけです。

世の中のさまざまなサービスで用いる人工知能では、誰が相手でも同じように平等に対応するため、客観的な情報に基づいて判断せねばならない場合が大半です。でも、ゲームのようなエンターテインメントで用いる人工知能では、キャラクターから見た主観世界をキャラクターに与えることが鍵を握ります。それぞれのキャラクターは、自分の身体や性格にあわせて動くことになります。ドラゴンもリスーも、自分にとって「危ない」場所には近づきませんし、「安全」な場所には近づきやすくなるわけです。

今回は場所に対してキャラクターの主観世界をつくってみました。これはゲームの人工知能の典型的なつくり方です。まとめると、まず「あらゆるキャラクターに共通する仕組み」をつくりましたね。ここではナビゲーション・データです。そして、その上にキャラクターごとの主観的世界のデータを上乗せしました。ドラゴンやリスー、それぞれについて移動コストのデータをつくって、「安全」とか「危険」という違いを表しました。

では次は、場所以外の「もの」「他のキャラクター」についての主観世界をつくってみることにしましょう。ますますキャラクターが活《い》き活《い》きと動くようになりますよ。

10　ものを使う

今度はキャラクターとものの関係を考えてみることにしましょう。ゲームの世界には地形だけでなく、いろいろなものがあったりしますよね。例えば、木が生えていたり、岩があったり、場合によっては建物が建っていたり、宝箱が置いてあったり。ゲーム開発では、こうしたもののことを「オブジェクト」と呼んだりします。ズバリ「もの」という意味です。ここではキャラクターとオブジェクトの関係について検討してみます。

具体例で考えましょう。そうですね、坂の上に岩があるとします。この岩は押せば動かせます。映画なんかで見かけるように、いざというとき、その岩を押して坂から落として敵にぶつけたりすることもできるようにしたいところ。つまり、岩は、ただそこに背景の一部として置かれているだけでなく、動かしたり使ったりできるようにしたいわけです（図9）。

では、いま述べたように、この岩は押すと動くことにしましょう。そして、坂道に沿って転がり落ちるようにしましょうか。

ここでは二つの課題があります。一つは、岩が動くようにすること。もう一つは、ゲーム

図9　キャラクターが岩を転げ落としてプレイヤーを攻撃する

中のキャラクター（人工知能）が、自分でそういう行動をとるようにすること。この二つです。とはいえ、岩を動かすのはさほど難しくありません。キャラクターを移動させるのと同じように、表示する位置を変えれば、岩が移動するように見えます。もっとも、置かれた状態のますーっと動いたら変なので、現実世界の岩と同じように転がっている様子をアニメーションで表現したほうがよさそうですね。

問題はもう一つのほう、キャラクター（人工知能）が、岩を利用できるようにすることです。これはいったいどうやったらよいでしょうか。

いまは岩という具体例で考えますが、他にも例えば木が倒れていて、これを使って川に渡せば橋になる、といったことも考えられます。要するに、ゲーム世界に置かれているさまざまなオブジェクトをなんらかの目的のために活用するというわけです。

では、例によって具体的に考えてみましょう。キャラクター（人工知能）に、オブジェクトを使えば道具になることを理解させるにはどうすればよいでしょうか。

こういう場合、いきなり最高の答えを出そうとするよりも、すぐ思いつくやり方を検討するのがよい手です。例えば、マップ上のその場その場で、オブジェクト（岩、木など）のそばに近づいて、そのオブジェクトに固有の動作（押すと転がる、川に渡せる）をさせることはできます。つまり、マップ中に置いたオブジェクト一つ一つに、そういうデータと仕組みを用意すれば実現できます。

マップに置かれたオブジェクトの数が十個くらいなら、このやり方でもいけそうです。ただし、オブジェクトが百個とか千個となると、そうもいきません。いえ、もちろんこつこつと一つずつのオブジェクトにデータをつけたりするやり方も考えられます。でも、こういう場合、できればもうちょっと楽につくりたいものです。

せっかく人工知能をつくってみようと考えているところでもあります。できたら、一つ一つのオブジェクトに対する特殊な動作をいっぱいつくるのではなく、一つの仕組みさえあれば、すべてのオブジェクトに対応できるような、そんな知能をつくりたいところ。ではどうしたらよいでしょうか。

まずキャラクターが、「岩」を認識できるようにします。つまり、ただの背景ではなくて、使えるものだよということをキャラクターが認識できるようにするわけです。

人工知能の用語で、そうした手がかりのことを「知識表現」と言います。この場合なら、キャラクターにとって「岩とはどのようなものであるか」という知識を、ある形で表すという意味です。「知識表現」には対象に応じていろいろな種類があります。ここでは「岩」というオブジェクトについて考えているのでしたね。オブジェクトについての知識表現のことを「オブジェクト表現」といったりします。省略せずに言うなら、「岩がどのようなオブジェクトなのかという知識をある形で表す」という意味です。え？　岩は岩なんだから、岩として認識して動かせばいいんじゃないの？　と思われるかもしれません。しかし、それは人間だからできることなのです。人工知能には物事を直接認識する能力がありません。知識表現という手がかりを介して物事を認識できるようになります。

では、岩の「オブジェクト表現」をつくってみます。

まず改めて確認しましょう。ゲームの世界には、作者であるあなたが用意したものや機能しか存在しません。これはつい忘れそうになりますがとても大事なことなので繰り返し確認しましょう。では、このゲームの世界では「岩」を使ってどんなことができるようにするか。こう考えます。

ここでは先ほど述べたように、岩を動かせることにしましょう。これは一例です。他にも岩でできることを付け足してもよいですね。例えば、道具を使って割ることができるとか、表面を削ると粉が出るとか。ここでは動かすことにします。

さて、先ほど「岩のオブジェクト表現」という言葉を使いました。これをもうちょっと具体的にいうと、このゲームに登場する「岩」というオブジェクトを、いくつかの情報で表現しようという発想です。「岩」がただの背景ではなくて、働きかけたり使ったりできるものだよ、ということをキャラクターに向けて表すわけです。まず岩というオブジェクトの表現に「動かせる」という情報を加えます。これはつまり、このゲームに登場する「岩」オブジェクト全部に共通する仕組みです（図10）。

ただし、いくら岩オブジェクトに情報をつけ加えても、肝心のキャラクターがそれを認識しなければ意味がありません。そこで、キャラクターは、いまいる場所の周辺にあるオブジェクトを確認するようにします。つまり、近くにあるオブジェクトにはどんな情報がついているかを確認するようにするわけです。この確認の様子は、特にゲーム画面に表示したりせず、プログラム内部で処理します。

図11のように、キャラクターはそこにあるオブジェクトでなにができるのかを確認します。こういう仕組みを用意すれば、キャラクターはそこにあるオブジェクトでなにをできるかという行動の選択肢を把握できるようになります。その上で意思決定するわけです。

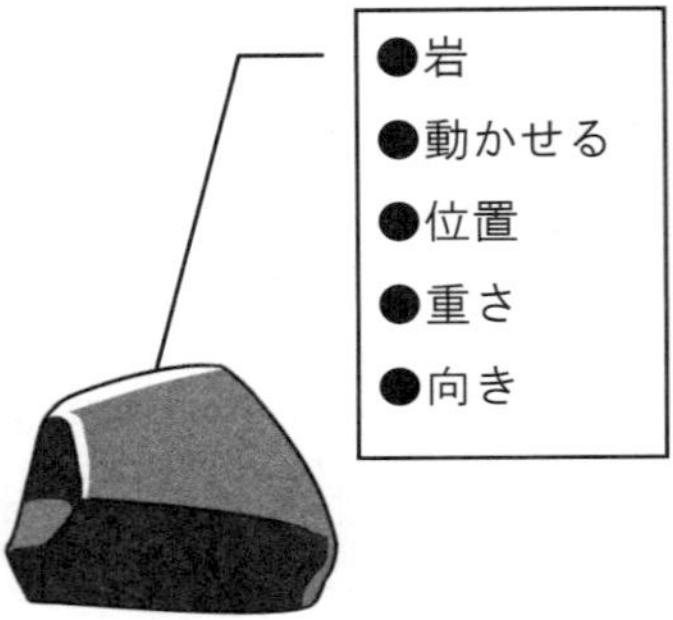

図10　岩のオブジェクト表現のイメージ

さて次に、もう少し詳しい情報をオブジェクト表現に加えてみましょうか。岩オブジェクトについて、「どちらに向かって動かせるか」という方向の情報を加えてみましょう。例えば、坂の途中に置かれた岩であれば、坂を下る方向に動かせることにします。例として動かせる方向を（−0.5, 1.0）とします。

また、動かすために必要な力についても情報を加えておきましょうか。そうですね、これ

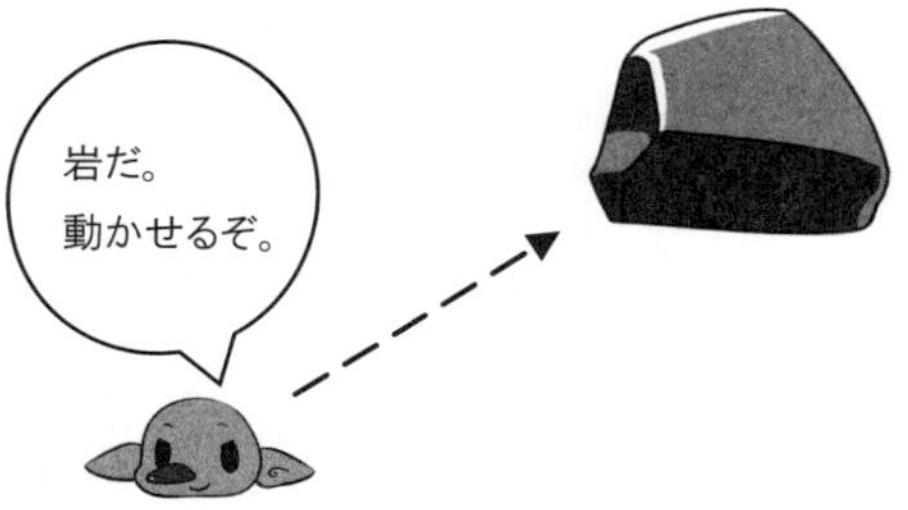

図11　オブジェクトを認識して行動の選択肢を把握する

は分かりやすく「動かすのに必要な力」＝「重さ」ということにしましょう。キャラクターは、岩オブジェクトのオブジェクト情報を確認する際、「自分の力＞岩の重さ」、つまり「岩の重さ」と「自分の力」を比べてみて、「岩の重さ」より「自分の力」のほうが大きければ動かせると判断します。ただし、動かせる方向についても設定してありますので、好きな方向に動かせるわけではないことに注意しましょう。

これでキャラクターが「岩」を動かせるものと認識できるようになりました。

では、この仕組みを使って、マップ中にたくさんの岩がある場合を考えましょうか。図12のように四つの岩があるとします。それぞれの岩オブジェクトを区別するために、0から3までの番号を振ってみました（プログラムでは、ものを数えるとき0から始めることがあります。これをゼロオリジンといったりします)。ここでは白いクマに似たモンスターに注目しましょう。このキャラクターを「クマー」と呼ぶことにしましょう(え? 安直?)。

ここでのクマーの目的は、プレイヤーキャラクターを攻撃することです。クマーは、近距離で攻撃する手段を持っていることにします。また、近くに岩があって、転がすことができる場合、岩を攻撃手段に選びます。いま、プレイヤーキャラクターは都合のよいことに、少し離れたくぼみのような場所にいます。それに対してクマーは、ちょっと高い場所にいて、転がすのに手頃な岩が四つあるという状況です。クマーは、センサーによってプレイヤーキャラクターがいることを認識しています。そして、距離が離れており、かつ近くに「動かせる岩」があると認識しています。そこで、岩を使って攻撃しようとしています。クマー、大チャンス! 残る問題は、四つあるうちのどの岩を転がすかです。これはどうやって決めたらよいでしょうか。

複数の選択肢がある場合、なんらかの基準を設定して選ばせるというやり方を思い出しましょう(忘れてしまった場合は61ページあたりをご覧あれ)。選択肢が複数あるとき、それらを比較して選べるようにすればよいわけです。比較するためには、なんらかの数値があれば便

図12　ゲームステージ上の４つの岩

利です。数値なら、どっちが大きいかという比較もしやすいからです。

いま、岩には「重さ」と「動かせる向き」が設定されています。これらは図13の表のように、それぞれの岩について数値として設定されています。ところで、いまクマーは岩を転がしてプレイヤーキャラクターを攻撃しようとしているところでした。クマーは「プレイヤーキャラクターをやっつける」という目標を持っていますので、できれば、なるべく大きなダメージを与えたいですね。では、この点はどうするか。

もう一つルールをつくりましょう。もし転がした岩がプレイヤーキャラクターに当たった場合、岩の重さとプレイヤーキャラクターまでの距離に応じてダメージの大きさが決まるようにします。重い岩ほどダメージが大きくなるのは直観的にも分かりやすいと思います。岩とプレイヤーキャラクターの距離が長いほどダメージを大きくするのは、転がる距離が長いほど勢いがついていると考えるといいでしょう。これは大まかに計算するために考えたやり方です。もしもっと本格的に物理シミュレーションをしたいような場合は、物理学で習う物体の運動方程式などを使ってダメージ量を決めてもいいですね。ここでは簡単に岩の重さと距離で計算することにします（図13を参照）。これは言い換えれば、岩を動かした際にどのくらいの「効果」を得られるかを、岩ごとに数値で表しているわけです。これを「効果値」と名付けておきましょう。岩のダメージ量です。

厳密に考えた場合、プレイヤーキャラクターは動いていますから、岩との距離も時々刻々と変化します。だから本来なら、この効果値もどんどん変化します。ただ、クマーが意思決定を行うためには、ある瞬間の状態で固定して考えることになります。

クマーはある瞬間に岩の効果値を比べます。ちなみにクマーの「力」は80とします。岩1は重さが１００ですのでクマーには動かせません。残りの三つの岩0、岩2、岩3を比べてみると、それぞれ効果値は「0.20」「0.56」「0.84」ですから、岩3が最も高いのが分かります。クマーは岩3を動かすことにします。こうした効果のことを英語で「ユーティリティ（utility）」と言います。いま考えてきたように、効果に基づいて意思決定を行う方法を「ユーティリティベースの意思決定方法」と呼びます。要するに効果を評価して選択するということですね。
また、効果値（与えるダメージ量）を計算する式を、ここでは次のように設定しました。

与えるダメージ量＝重さ×距離÷10000

岩ID	重さ	距離	効果値（重さ×距離／10000）
0	50	40	0.20
1	100	90	0.90
2	70	80	0.56
3	70	120	0.84

図13　それぞれの岩の効果値

これを「ユーティリティ関数」と呼びます。「関数」というのは、数学やプログラミングで使われる用語です。英語の「ファンクション（function）」の訳語です。ファンクションには「機能」とか「働き」という意味もあります。数学では、なにか材料を与えると、その材料になんらかの処理を施して結果を出すというイメージです。先ほどの効果値の式の場合なら、「重さ」と「距離」という材料をこの式に放り込むと、結果として「ダメージ量」が出てくるというわけです。

せっかくなのでついでに言えば、数学で習う方程式にこういうのがありますね。

$y = 3x + 2$

これは「方程式」と呼ばれますが、これも「関数」と言えます。そういえば「方程式」という言葉もちょっと意味が分かりづらいですね。元の英語で考えると分かりやすくなります。英語では「イクエーション（equation）」と言います。イコールと姉妹の言葉です。これは「等しい」という意味でした。イコール（＝）という記号で結ばれた左側（y）と右側（3x＋2）のものは等しいということです。この方程式の右辺（3x＋2）にあるxになにか数字を放り込めば、計算の結果、ある数字が出てきます。例えば、1を放り込めば、3×1＋2となりますから、結果は5。2を放り込めば、3×2＋2ですから、結果は8という具合です。

関数とは、なにか材料を与えると、なんらかの処理をして結果を出す働きのことと捉えておきましょう。どうですか、関数のイメージが湧いたでしょうか。ここでは詳しく説明しませんが、プログラム言語でも、これと似たような発想で関数《ファンクション》という機能があります。

ところで、こうしたユーティリティベースの発想はゲームで使われます。特にロールプレイングゲームではよく使われています。例えば、ターンベースのロールプレイングゲームが好例です。「ターンベース」というのは、キャラクターがお互いに順番に行動するという方式です。手番のことを英語で「ターン（turn）」と言います。「ベース」は基礎ということでした。つまり戦闘が、ターンに基づいて進むゲームというわけです。

ターンベースのロールプレイングゲームでは、いざ敵と戦闘になるとプレイヤーキャラクターたちに対して複数の敵が並んだりします。さてこのとき、敵は、プレイヤーキャラクターたちのうち、誰を攻撃するかを選ぶ必要があります。これを「ターゲティングの問題」と言ったりします。ターゲットとは的のこと。どの敵からやっつければよいかというわけです。

ターゲット、攻撃する対象を選ぶにはいろいろな考え方があります。例えば、自分にとって危険度の高い相手を選ぶという方針にしましょうか。つまり、放っておくと、こちらがやられてしまいそうな相手から先に選ぶという発想です。そこで攻撃力と体力が大きな敵ほど危険だとしてみます。ここでいう「攻撃力」とは、そのキャラクターによる攻撃がヒットした場合に与えられるダメージの大きさのこと。この数値が大きいほど、攻撃を当てられたときのダメージが大きいわけですから、これは危険です。それから「体力」とは、どれくらいの攻撃を受けても大丈夫かという数値です。体力が大きいキャラクターほど、たくさん攻撃しても倒れません。というわけで、攻撃力と体力が大きいキャラクターは、とても危険であると考えます。もちろん作者次第では、他の考え方を採ってもかまいません。例えば魔法を持っているほうがもっと危ないだろうとか、仲間を呼び出すキャラクターのほうが危険だとか。ここでは攻撃力と体力で考えましょう。この場合、敵の危険度を計算するユーティリティ関数はこんなふうにつくれます。

危険度＝0.5×攻撃力＋0.5×体力

式のなかの0.5というのは適当な数字です。もし自分のゲームでは、体力が大きいキャラクターのほうが危険だとしたければ、「1.0×体力」とか「1.5×体力」などとしてもよいですね。攻撃力のほうが危険だとするなら「1.0×攻撃力」とか「1.2×攻撃力」というふうにかけあわせる数字を調整すればよいわけです。実際にはプレイしながら調整します。

さて、話をクマーに戻しましょう。これでクマーは動かす岩を選べました。あとは、その岩を正しい方向に押して転がせばよいわけです。このとき、もう一つ決めないといけない課題が残っています。なにか分かりますか？　そう、タイミングです。

でたらめなタイミングで岩を転がしたら、プレイヤーキャラクターに当たらないかもしれません。また、プレイヤーキャラクターが岩の転がり落ちる予定の位置に来たとき押し出すのでは手遅れですよね。

プレイヤーキャラクターにしても、岩が転がってくると分かれば逃げますし、岩が転がるコースが直線だと分かればそこを避けるでしょう。ではどういうタイミングで岩を押せばよいでしょうか。

例えば、岩が転がり落ちる直線コースに対して左右に幅を持たせます。プレイヤーキャラクターが、その領域に入った瞬間に岩を押し出すわけです。こういう領域のことを「トリガー領域」と呼びます。なんらかの行動を起こすためのトリガー（引き金）となる領域という意味です（図14）。

もちろん、こうした工夫をしても、百パーセント、岩がプレイヤーキャラクターに当たるとは限りません。でも、それでかまいません。なぜならまず大事なのは、このゲームで遊んでいるプレイヤーに、クマーは攻撃してくるという意図が伝わることです。その際、プレイヤーキャラクターが岩の直線コースの線上に来た瞬間に岩を押し出すのでは、ちょっと間抜

図14　いつ岩を押す？

けに感じられます。「ああ、はいはい。キャラが直線上に来たから岩を転がしてくるのね」と、機械じかけのからくりのように感じられるでしょう。でも、先ほどのトリガー領域であれば、クマーがあたかもプレイヤーキャラクターの進み具合を検討しながらタイミングを見計らっているように感じられます。プレイヤーは「あれ？　あいつはこっちの動きを観察して読んでるのかな」と、クマーが知能をもった存在に感じられるかもしれません。

クマーと岩は一例ですが、こんなふうにしてゲームの中でキャラクターたちがものを使えるようにするわけです。ご自分で他の例についても考えてみるとよいですね。例えば、倒れている木を川に渡して橋にするという場合はどうするか、など。

いかがでしょう。ひょっとしたらなかなか面倒だなと思ったかもしれません。でも、振り返ってみると、ここでしていることは二つにまとめられます。

①オブジェクトに知識表現を与えること
②キャラクターが知識表現を使って意思決定する仕組みをつくること

知識表現は、ゲームの世界のなかにある各種オブジェクトを使えるものにするためのものでした。キャラクターは、知識表現を備えたオブジェクトを確認して、自分がその場でどんな行動を採れるのかを把握できます。これは言うなれば、キャラクターがゲーム世界に存在するものを認識している状態です。この認識から把握した行動の選択肢について、目的に照らしてよりよい行動を選んで実行する。これは意思決定と行動です。大きくまとめるなら、ゲームの世界についての知識を得て、思考することです。

ここに自律型人工知能の基本があります。「自律型」とは、文字通り自らを律する、つまり、自分で認識して、自分で思考して、自分で意思決定して、自分で行動するということです。もちろん、人工知能の作者である私たちが仕組みをつくっているので、完全に自律しているわけではありません。岩Aはこうして、岩Bはこうして、岩Cはこうして……と、個別に行動の仕方を設定しなくても、岩に対する行動を設定しさえすれば、どんな環境に置かれても、自分で行動できるという意味で自律型人工知能というわけです。

「知識×思考」、知識を持たせ、それに基づいて思考を構築すること。これがキャラクターに知能を与えることなのです。より広い知識を与えれば、キャラクターはより広い世界を生きることとなり、より深く思考をつくることでいっそう深く世界に結びつくことになります。

コラム４ 「知能とはなにか」

人工知能という言葉には、ご覧のように「知能」という言葉が入っています。知能とは、人間や動物が持っている能力のひとつで、もともとはなにかを知ったり理解したりできる能力のこと。知識を蓄えたり、ものごとを判断や学習する能力と言われたりもします。こう捉えれば、特に難しいことはないようにも思えます。でも、もう一歩踏み込んでみると、そうもいかなくなってきます。

なにかを理解するとはどういうことか。例えば、数学の公式を理解しているという場合、公式の成り立ちは知らないけど暗記して問題を解けるのも理解なら、自分で公式を証明して導き出せるのも理解です。あるいはシチューのつくり方を知っているのと、実際につくれるのとではだいぶ違いますよね。そんなふうに考えていくと、理解するということにもいろいろな違いがあるようです。

さらにややこしいことを言えば、私たちは自分についてどこまで知っているでしょうか。健康診断でお医者さんに診てもらうのは、自分の体のことながら自分では分からないから。あるいは友だちから「きみって几帳面だよね。きちんとできてすごいなあ」と言われてはじめて自分でも「そうなのか」と気づいたりすることもありますね。試験の前に教科書を丸暗記できたら楽なはずだけど、実際にはなかなか頭に入らなくて困るとか。

ではいったい知能とはなんでしょうか。哲学や心理学でいろんな説を見比べるとか、ためしに自分なりに定義してみるのもいいですね。

第三章　メタＡＩでよき遊び相手を目指す

人はなぜゲームに夢中になるのだろう。
そこにはプレイヤーを楽しませることに余念がないメタＡＩという存在がある。
ゲーム全体を指揮する神のごとき人工知能だ。
メタＡＩは何を見て、どう判断し、どんな風にコントロールしているのだろう。

1　なにかが足りない……

第二章では、ゲームの世界にドラゴンやリスーやクマーなど、さまざまなキャラクターを放ちましたね。そこでは、キャラクターたちがそれぞれの目的に従って、高い知能を持っているかのように行動するための仕組みを考えてみました。例えば、自分が苦手な場所は避けて移動したり、岩を使って攻撃をしかけたりという具合です。ゲーム世界という環境のなかで周囲の状況を認識して、行動の選択肢を検討し、意思決定の結果行動をとる。こんなふうに、キャラクターの人工知能をつくってみました。

ただし、まだ足りないものがあります。いま私たちがつくっているのは、ゲームに登場する人工知能でした。ということは、単にキャラクターが知能を持って行動するだけでは足りません。そう、もう一歩進めて、そのゲームで遊んでくれるプレイヤーたちを楽しませる必要があります。

2　プレイヤーはぜいたくな生きもの

例えば、自分がゲーム中のモンスターとしてプレイヤーと戦っているとしましょう。プレイヤーを楽しませるには、どんな行動をとるのがよいでしょうか。

そうですね、こんな状況はいかがですか。あなた（モンスターの人工知能）は情け容赦なく全力でプレイヤーキャラクターを倒しにいきます。しかもあなたは、プログラムを通じてプレイヤーがどんな操作をしたか、その気になればすべて丸わかりです。戦闘中にプレイヤーキャラクターが何をしてくるか、全部お見通しであれば、その攻撃を避けたり防いだりするのも、隙を突いてこちらの攻撃を当てるのも、相手の魔法を邪魔するのも、逃げようとする進路を塞ぐのもお手のもの。つまり、その気になれば、プレイヤーを完膚なきまでにやっつけられるわけです。この場合モンスターのあなたは楽しいかもしれませんが、ゲームで遊んでいるプレイヤーからしてみれば、絶対に勝てないばかりか、遭ったが最後、必ずゲームオーバーにされてしまう敵なので楽しくないかもしれません（ゲーム中、たまにそういう敵に遭遇するならまだしも！）。

今度は逆に、あなたがなんの抵抗も行動もせずに、一方的に倒されるモンスターだとしたらどうでしょう。プレイヤーは、動かないサンドバッグを一方的に殴るようにしてモンスターであるあなたを倒せます。でも、失敗の恐れもなければ（なにしろ攻撃を避《よ》けさえしないのですから）、反撃されることもない（ただいるだけなので）としたら、その戦闘は楽しいでしょうか。ひょっとしたら、最初のうちはそれでも楽しめるかもしれません。でも、ゲーム中、登場するモンスターがみんなそんな具合に動かず反撃せず、ただそこにいて倒されるだけの存在だとしたら、その戦闘はまるで面白くありません。

とまあ、人間はけっこう贅沢《ぜいたく》といえば贅沢なもので、ゲームに出てくるモンスターが強すぎて勝てないのもつまらないし、逆に弱すぎて手応えがまったくないのもつまらなかったりします。特にここで考えているようなゲーム世界のなかを冒険したり、戦いながら進んでいくタイプのゲームでは、プレイヤーはほどほどにピンチに陥ったり、負けそうになったりするほうが楽しめるものです。言い換えれば、プレイヤーは負けてしまう可能性、失敗の可能性を感じるからこそ、戦いに勝ったとき、よろこびを感じるのですね。これをゲームにおける「リスク（冒険）とリターン（報酬）のバランス」と言います。

3 時代劇のやられ役のように

ですから、そんなプレイヤーを楽しませようと思ったら、モンスターもなかなか大変です。プレイヤーが楽勝で退屈を感じない程度にはうまく攻撃したり、ときにはピンチまで追い詰めたり、あるいはぎりぎり敗れてしまうかもしれないとプレイヤーに思わせておいて、最後はモンスターがうまく倒されてほっとさせたりと工夫も必要です。

こういう言い方はだんだん通じなくなってきているかもしれませんが、モンスターは「時代劇のやられ役」でなければなりません。時代劇では、主人公のお侍が前後左右をぐるりとたくさんの敵に囲まれたりします。白刃がぎらりと光り、もうここまでかと絶望的な場面ですが、主人公は不屈の精神で戦い、流れるような剣さばきで殺到する敵を華麗に倒してゆきます。このとき、やられ役の敵たちは、簡単に倒されるだけではつまりません。主人公に襲いかかりながらも、ぎりぎりのところで斬られたり、その間に背後から別の敵が斬りかかって、やられる！　と思わせておきながら、主人公は振り向きもせずに脇から背後に刀を突き出して倒したり。斬られた場合も、すぐに倒れるのではなく、主人公がざざっと数人を斬りぬけて、刀を鞘《さや》に収めた瞬間にどさっと倒れたり。要するに、主人公の戦いぶりが輝くように、その活躍を見ている人がはらはらしたり、スカッとしたりするように、やられ役の敵はただやられる以上の工夫をするわけです。この演出はカンフー映画でも、ファンタジー映画でも、どんな映画でも共通するエンターテインメントの「型」のようなものです。

4　よき遊び相手をつくろう！

ゲームに戻って言えば、ゲームでは遊ぶ人を楽しませる、サーヴィスをするものです。プレイヤーの遊び相手となるモンスターも、よき遊び相手になりたいわけですね。では改めて、もし自分がゲームに登場するモンスターだとしたら、どんな行動をとればよいでしょうか。どうしたらプレイヤーのよき遊び相手になれるでしょうか。これについて考えてみましょう。

先に言えば、こうした問題については、唯一の正しいやり方があるわけではありません。いろいろなやり方がありえます。これから述べるやり方は、そうしたうちのひとつです。他にもいい方法を思いついたら、自分でも考えてみましょう。

さて、できればプレイヤーを楽しませたいわけです。そうは言っても、いま自分は一匹のモンスターです。自分の周りのことしか見えません。これだと、プレイヤーキャラクターがどこにいて何をしているのかを知る術《すべ》もなく、たまたま近くにいるときに相手になれるだけですね。また、自分のことしか考えていないと、他のモンスターと協力するなんてこともできません。ここまでつくってきたキャラクターの人工知能は、もっぱらモンスター自身と目の前にいるプレイヤーキャラクターとの関係だけを扱ってきました。だから、それ以外のことができなくても無理はありません。でも、これだとよき遊び相手になるにはちょっと足りなさそう、というのがいま考えようとしていることでした。

5　監督登場

そこで、モンスターがもっとプレイヤーを楽しませるように行動させるにはどうしたらよいでしょうか。

先ほども述べたように、いろんなやり方がありそうです。一つは「映画監督」のような役割を用意する手があります。つまり、そのゲームの世界全体を俯瞰《ふかん》しながら、あちこちにいるキャラクターたちに指示を出すわけです。

ゲームのなかでどんなふうに行動するかは、プレイヤーによって違います。慎重に少しずつプレイヤーキャラクターを強くしながらじわじわ行動範囲を広げるようなプレイヤーもいれば、ちょっと無謀なくらい身軽に危険な場所に乗り込むプレイヤーもいるといった具合です。できれば、そうしたプレイヤーの遊び方の違いに応じて、どちらも楽しませられるよう

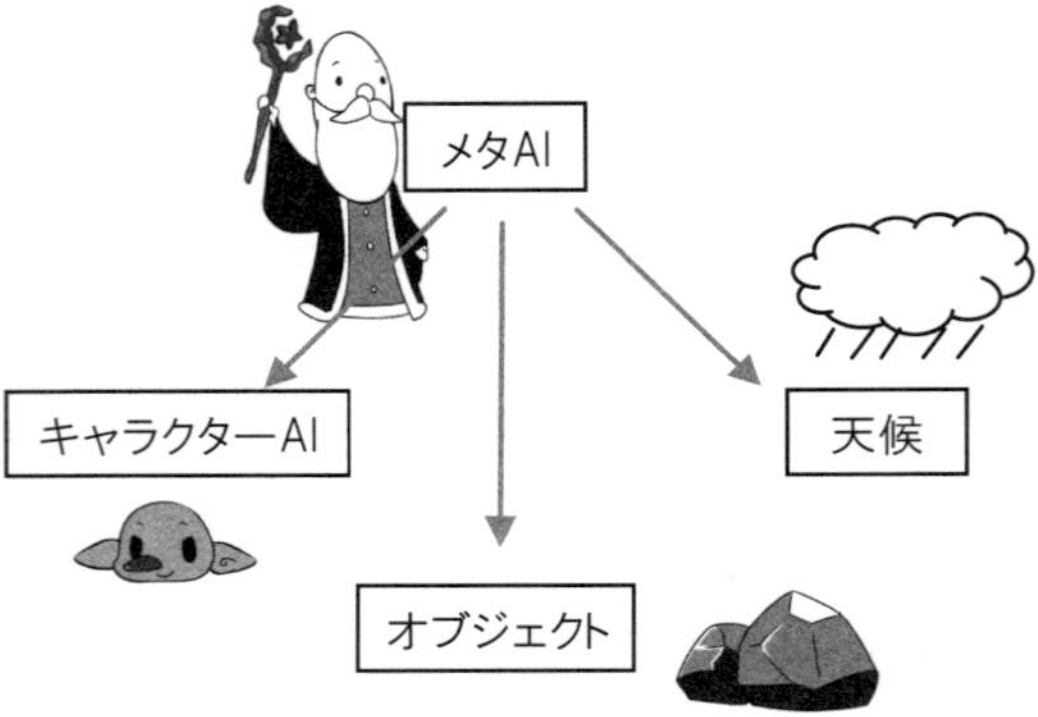

図１　メタAIは監督

にしたいものですよね。そんなとき、ゲーム中に映画監督のような立場があれば、この監督がゲーム全体の状況やプレイヤーの行動をチェックして、モンスターたちに指示を出しながら、その行動に合わせて面白くなるような状況をつくってゆけばよいわけです。この仕事は、ゲーム世界のいわば現場にいるそれぞれ個々のキャラクターたちではまかなえません。

ゲーム世界でキャラクターたちはいわばプレイヤーを楽しませる役者です。そこにはゲーム世界の映画監督が必要なのです。こういう映画監督のような働きをする人工知能を「メタＡＩ」と言います。「メタ」とは、もともと古典ギリシア語で「〜の後ろに」という意味の言葉ですが、ここでは「〜についての」と捉えるとよいでしょう。つまり「ＡＩについてのＡＩ」です（図1）。他にも「メタフィクション」のような使い方もされます。メタフィクションとは、普通の小説とちょっと違って、その小説のなかにその小説自体への言及が現れるようなものを指します。それはともかく、メタＡＩといったら、ＡＩたちに指示を出す監督のようなＡＩと考えてください。先ほどの映画監督の譬《たと》えを使えば、キャラクターはさしずめ役者です。別の譬えをすれば、メタＡＩはオーケストラの指揮者、キャラクターはそれぞれの楽器演奏者です。

6 ゲームのユーザー体験を決めるのは人間

さて、メタＡＩはプレイヤーを楽しませるためにゲームの舞台を整えるのが仕事です。そこに登場するあらゆるキャラクター、つまりプレイヤーから見て敵でも味方でもすべてのキャラクターに指示を出します。それだけでなく、ゲーム世界に存在するオブジェクトや地形、視覚効果や音楽、ストーリーやセリフなど、ゲームを構成するあらゆる要素、言ってしまえば使えるものはなんでもメタＡＩは使います。

このとき忘れてはならないことがあります。先ほど、メタＡＩの仕事はプレイヤーを楽しませることだと述べました。でも、「どんなふうに楽しませるか」という狙いは、いくらメタAIでも自分で考えることはできません（将来、そこまでできるメタAIが登場したら、ゲームクリエイターは仕事が減りますね……）。実際に、そのゲームでプレイヤーにどんな体験を楽しんでもらえるようにするかを考えるのは、ゲームクリエイター、より具体的にはプランナーの仕事です。

ゲームをつくる上でとても重要なことなので、ここでちょっと立ち止まって検討してみましょう。ゲームで遊ぶとき、ゲームによってプレイヤーの体験は違います。例えば、ゾンビが徘徊《はいかい》する屋敷から脱出するゲームでは、小さな電灯の光を頼りに屋敷内を歩く心細さや、いつどこからゾンビが現れるかもしれない怖さなどを体験することになります。あるいは、レースゲームなら、普段公道では出せないようなスピードで車を走らせる爽快感やちょっとしたミスで車が大破してしまうかもしれないスリルを手に汗握りながら体験するでしょう。こんな具合に、それぞれのゲームで遊ぶとき、プレイヤーはそのゲームに固有の体験をすることになります。

理解のためにもうちょっとだけ言い換えてみます。ゲームで遊ぶ「体験」とは、画面に表示されるものを目で見て、スピーカーから出る音を耳にして、ゲーム中の状況を認識し、目標に照らして可能な選択肢を比べて、選んで行動してみるためにコントローラーなどで入力する、という一連の認知や思考や行動を含みます。体（目、耳、頭、手、腕、場合によっては足など全身）も使うし、精神（感情や思考や意欲）も動くわけです。これらをひっくるめて「体験」と呼んでいます。体験とは文字通り、自分の「体」で「験《ため》す」ことでした。

そして、ゲームクリエイターたちは、ゲームをつくることによって、そのゲームで遊ぶ人の体験をつくっているのです。目指すはプレイヤーの経験です。つまり、ゲームクリエイターの仕事は、遊ぶ人の体験をデザイン（設計）することなのです。こうした利用者の体験のことを「ユーザー体験」といいます。ユーザーとは「使う人」「利用者」のこと。ゲームの場合なら、ゲームを使う人、つまりはプレイヤーのことです。英語でユーザー・エクスペリエンス（User eXperience）なので、略して「UX」と書いたりもします。ゲームをつくることはUXをつくることなのです。これはゲームに限らず、小説や漫画や映画などでも同様ですね。そして「メタAI」の役割はこの「UX」を生成・調整することです。

ゲーム開発では、そのゲームで提供したいユーザー体験を「コンセプト」と呼んだりします。例えば、コーエーテクモゲームスの「無双」シリーズは、「一騎当千」というコンセプトでつくられています。プレイヤーはたとえ一人の戦士だとしても、その働きは千人にも値する。戦場を駆け巡って、押し寄せる敵の大群をばっさばっさと倒しまくる爽快な遊び、という意味です。そういうユーザー体験を目指して、ゲームのさまざまな要素を用意したり調整してつくるわけです。もちろん本書のテーマである人工知能も同様です。ゲームに登場するキャラクターのＡＩはもちろんのこと、ここで検討しようとしているメタＡＩも、そのゲームのコンセプトを最大限実現するために、つまり目指しているユーザー体験をしっかり実現するために活躍させるというわけです。

このコンセプトは、少なくとも今のところはＡＩに任せられません。ゲームのディレクター（監督！）が設定して、メタＡＩもそのコンセプトを実現するようにつくります。

7　ゲームの状態を把握するには？

では、メタＡＩについて具体的に考えていきましょう。

学校の演劇部や演劇のリハーサル風景などを見たことがあるでしょうか。「監督」がひっきりなしに、役者や大道具や音響や照明の人に指示を出しています。メタＡＩとは、ゲームのなかでまさにこの監督の役を担う人工知能です。具体的にメタＡＩの動作とつくり方を見ていきましょう。

この本では、三次元空間として表現されたゲーム世界のなかで、プレイヤーキャラクターが冒険者となって活躍するロールプレイングゲームを例にして考えてきました。確認しておくと、このゲームの世界では、時間はリアルタイムに流れています。リアルタイムというのは「実時間」と訳されたりもしますが、現実世界と同じように、絶えず時間が進んでいる世界という意味です。これと対比してみると分かりやすいのはターン制です。「将棋」や「囲碁」やトレーディングカードゲームのように、自分と相手が順番に行動するようなゲームでは、ゲーム内の時間はリアルタイムに流れるのではなく、ターン（手番）という単位で区切られています。「将棋」なら、自分の手番のとき、私がコマを動かすまで盤上の時間はぴたっと静止しています。コマを一つ持ち上げて、移動先まで動かし終えたとき、私の手番が終わり、それと同時に盤上の時間が一手（一ターン）分だけ進むわけです。リアルタイム制とはかなり違う時間の流れであることが分かりますね。ここで考えているゲームは、ターン制ではなくてリアルタイムに時間が進むとします。もう一度まとめれば、このゲームでは空間は三次元、時間はリアルタイムで流れます。

メタAIは、ゲームの時間と空間を操ります。だってほら、そのゲームで遊ぶプレイヤーは、ゲーム世界を刻々と流れる時間のなかで、自分のキャラクターを動かします。場所から場所へと移動し、出会う人びとと話し、モンスターと戦ったりするわけです。そんなふうにゲーム世界の空間と時間のなかで遊ぶプレイヤーを楽しませようと思ったら、メタＡＩもゲームの時間と空間を把握して操る必要があるわけです。

まず大まかに言えば、メタＡＩの仕事はゲームの状況を認識することです。ゲームの世界がいまどうなっているかを把握するわけですね。

ゲームの状態を把握するとはどういうことかをイメージするために、別のゲームの例で想像してみましょうか。サッカーの一試合を捉えようと思ったら、試合が始まってから終わるまで、時々刻々とフィールド上で生じている変化を認識する必要があります。サッカーの場合なら、ボールの位置、両チームの各選手の位置と状態、審判の位置と状態、さらに細かく見るならフィールドの地面の状態や天候、気温などもあります。これらの要素が、試合開始から終了までの時間の流れのなかで、どんなふうに変化するかを捉えればよいですね。

ただし、こんなふうに言葉で言うのは簡単だけれど、実際に私たちがサッカーの試合を観戦する場合には、とてもではないけれどゲームの全体を漏らさず認識することはできません。多くの場合、ボールを中心に動きを目で追うでしょう。そのとき、フィールド全体の個々の選手の位置や動きを完全に把握するのは至難の業です。というのは、人間の体の仕組みとも関係しています。人は、いまいる場所から見えるもの聞こえるものを中心に物事を認識するためです。もちろん現在なら、カメラやドローンなど、各種装置を使って自分の場所からでは見えないものを見たりもできます。それにしたって、一度に見てとれることには限りがあるわけです。それに、試合の経過を完全に記憶したりするのも難しいですよね。開始から終了まで、全選手とボールがどう移動したかを後で再現しようとしても、ほとんど覚えていなかったりします。

という具合に、人間の身だとサッカーの一試合だけでも認識したり把握したりするのは大変です。ここはコンピュータが得意なところです。全選手とボールの位置と動きを、例えば一秒ごと、時間経過とともに記録しておけば、試合中のどの瞬間でも、どんな状態だったかを確認できます。いまは説明のために、比較的限られた空間と時間でプレイされるサッカーを例に考えてみました。同じようにどんな広さの空間や、どんな長さの時間であっても、コンピュータの性能が許す限りは、記録して参照できます。

8　基本はゲームの空間と時間

メタAIの仕事は、ゲームの流れを整えて、状況を作り出すことです。そのためには、そもそもゲームがいまどんな状態にあるのかを認識する必要があります。ゲームの状態については、サッカーの例で確認してみた通りでした。つまり、ゲームが行われる空間のなかで、各要素が時間とともにどのように変化するかを捉えればよいわけです。もちろん、ゲームによってはそれだけでなく、他の要素も関わってきたりします。例えば、プレイヤーキャラクターはどんな魔法を使えるのかとか、いま強さはどのくらいでどんな道具を持っているのかとか、いま残り体力がどのくらいなのかとか、これまでどんなイベントを体験してきたかとか、必ずしも外見からは見えない内部的な要素もあります。そうしたことも含めて、ゲームの大局を認識するのが、メタAIにとって最も重要な仕事です。

まとめると、メタAIがゲーム世界の状態を認識する大きな手がかりは二つです（図2）。

①ゲームの空間的状態を知ること

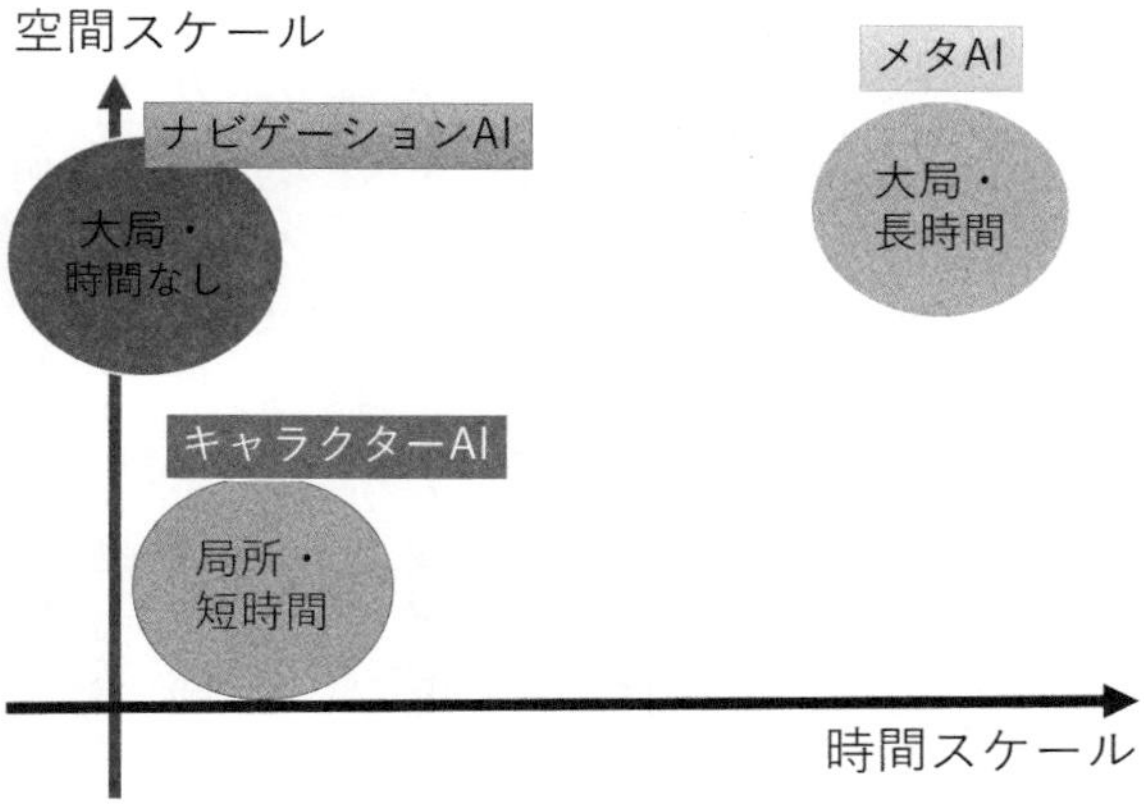

図２　大局的な時空間を観察・操作するメタ AI

②ゲームの時間的変化を知ること

この二つのことを認識できれば、それに基づいてゲームの状態を判断したり調整したりできます。状況を認識して判断して行動する。これは第一章、第二章で考えた人工知能と共通する考え方ですね。

さて、この二つの要素に着目して、メタＡＩについて考えてみましょう。順番に、まず空間のほうから。

9　合戦を制御する

では、具体例で考えてみましょう。ここまでは、比較的少ない数のキャラクターやオブジェクトを例にしました。今度はメタＡＩ、監督の活躍ぶりを考えてみたいので、もう少し複雑な状況にしましょうか。例えば、合戦のような状態はどうでしょう。比較的広い空間で、敵味方の兵士が何百人、何千人と戦いを繰り広げています。プレイヤーキャラクターは、そうした無数の兵士たちのなかにいる大将だとします。ひょっとしたら、こういうタイプのゲームであなたも遊んだことがあるかもしれません。ここでは、つくり手としてその舞台裏を見てみます。さて、この合戦の状況、どんなふうに認識すればよいでしょうか。

とりあえず敵味方がそれぞれ一〇〇人ずついるとします。二つの軍勢が、戦場で遭遇して戦う場面です。戦闘の初期状態はこんなふうにしてみましょう。

いざ戦闘開始。それこそ時代劇やファンタジー映画などで描かれるように、両軍の兵士はおのおのが声を上げながら戦場の中央に向かって駆け出します。やがて二つの軍勢が激突し、戦線のあちこちで戦いが入り乱れます。プレイヤーキャラクターも大将として、先陣を切って敵軍にぶつかります。区別のために、プレイヤーキャラクターが所属する味方側をブルー、敵側をレッドとしましょう。レッド側にも大将である武将キャラクターがいます。

ちなみにこの状況で、プレイヤーが操作する大将以外は敵も味方もすべてコンピュータが

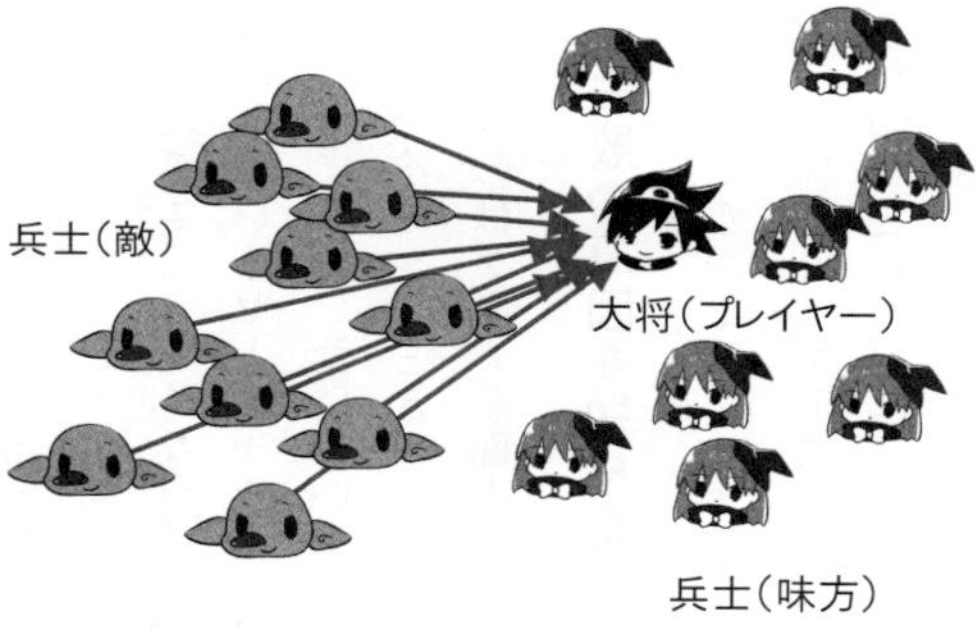

図3　大将に攻撃が殺到

動かす人工知能を備えたキャラクターです。一人一人の兵士が、第一章と第二章でつくった人工知能のように、目標を持ち、自分の周囲の状況を認識し、行動の選択肢を確認し、意思決定をして行動をとります。例えば、どの兵士も「敵の大将を倒す」ように目標を設定されているとしましょう。このとき、合戦場では何が起きるでしょうか。

少なくとも兵士たちは、そのとき自分がいる位置から見える範囲に敵の大将がいれば、そちらに向かって殺到するはずです。結果的に大将はあっという間に敵に囲まれて多勢に無勢、もみくちゃにされて倒されてしまうでしょう(図3)。プレイヤーはなす術もなく、わけも分からないままあっという間にゲームオーバーです。

プレイヤーによってはここでゲームを放り出すかもしれません。また、難しいゲームに燃えるヘヴィゲーマーなら、もう何度か挑戦するでしょう。しかし、そのたびどうしてもたくさんの敵に囲まれて、にっちもさっちもいかないまま倒されるとしたらどうでしょう。たぶん二度と遊んでもらえなくなります。

もちろんプレイヤーキャラクターを倒してはいけないわけではありません。むしろ第二章でも述べたように、たいていの場合、ゲームとは常に失敗の可能性と背中合わせだからこそうまくプレイできたとき嬉《うれ》しくなるものです。戦場でプレイヤーキャラクターが倒される可能性があるのはゲームを面白いものにするためにはよいことです。

10　失敗の原因を知りたい

ただしここで考えなければならないことがあります。わけも分からず失敗が重なると、プレイヤーは嫌になってしまいます。なぜかというと、どうして自分が倒されたのか、なんで失敗したのかという原因が分からないからです。昔のＦＰＳに教材にしたいような例があります。ＦＰＳとは、ファーストパーソンシューター（First Person Shooter）の略で、一人称視点で遊ぶシューティングゲームです。一人称視点とは、キャラクターの視野が画面に映る状態のこと。そういう設定で撃ち合いをするゲームです。FPSでは、敵から撃たれるとゲームオーバーになります。

あるFPSで遊んでいるとき、いきなりゲームオーバーになりました。「え?」と思ってやり直すと、ときどきそういうことが起きます。はじめはバグ(プログラムのミス)かなと思っていたのですが、どうやらだんだん分かってきたのは、遠くからスナイピング、狙い撃ちされて、どこから撃たれているのかも分からないまま、ともかく撃たれたのでゲームオーバーになっていたのでした。プレイヤーにしてみれば、突然ゲームオーバーになるのでわけが分かりませんし、納得がいきません。

ではこのゲームの場合、どうすればよかったか。例えば、こんなふうにすることで、プレイヤーは自分の失敗に納得できるようになります。突然かもしれないけれど自分のキャラクターが倒れる。ただし、キャラクターが倒れた後でよいので、いま自分を狙撃した相手がいる場所と、いま自分のキャラクターがいる場所の位置関係が分かるようなカメラワークで空間を見せます。さらに分かりやすくするなら、その上でリプレイ(場面の再現)を見せましょう。例えば自分のキャラクターが歩いている。その背後、100メートル離れたビルの窓から狙いをつけているスナイパーの姿。スナイパーライフルの照準から見えるプレイヤーキャラクターの姿。引き金を引くスナイパー。射出される弾丸。スナイパーライフルの銃口からプレイヤーキャラクターの位置まで移動する弾丸。そしてヒット。このようにリプレイによって、何が起きたのかを見せることで、プレイヤーは自分のキャラクターに起きた出来事の因果関係を認識できます。「あ、遠くから撃たれたのか！」と分かるわけです。

こうなれば、自分が失敗した原因が分かりますから、次に遊ぶときには「近くに敵の姿が見えなくても、建物や隠れられそうな遮蔽物がある場所では、スナイパーが潜んでいる可能性を考慮して行動しよう」と注意するようになります。そして、遠くから見付けづらくなるように迷彩服を着たり、明るいうちはそういう場所を通らないようにしたり、通るにしても物陰を選んで移動したり、先にスナイパーがいそうな場所をチェックしにいったりと、プレイの仕方も変化するわけです。

こんなふうにゲームのなかでプレイヤーキャラクターが失敗したり倒されたりする場合、なぜそうなったのかが分かるようにすることが大切です。かつてはあまり多くを表現せずとも、プレイヤーが勝手に「こうかな？」「こういうことかな？」と自発的に考えたり想像したりして楽しんでいました。現在はゲームで遊ぶ人も多種多様になっています。いろんな人

コラム５「チューリングテスト」

ネットで誰かとチャットしたり、メールでやりとりしたり。あるいはオンラインゲームで他のキャラクターと話したり。スマートフォンやパソコンを使って離れた場所にいる人と文字でやりとりすることがありますね。

では、ここで問題です。あなたがチャットやメールでおしゃべりした相手は、みんな人間だったでしょうか。それとも人工知能も混ざっていたでしょうか。そうだとしたら、どうやって見分けられるでしょう。

かつてなら、会話相手になる人工知能はわりと簡単に見分けられました。ゲームのキャラクターが典型です。あらかじめ設定されたセリフだけを話すので、繰り返し話しかけると何度も同じことを言ったりします。

最近では人工知能も巧妙になっていて、人間相手にチャットをしていたと思ったら、実は人工知能でしたなんてこともあるようです。

かつてイギリスの数学者アラン・チューリングは、機械が知能を持っていると言えるのはどういう場合かをテストする方法を考えました。壁の向こうにいる誰かとキーボードとディスプレイを使ってやりとりをします。その結果、相手がコンピュータなのか人間なのかを見分けられないとしたら、そのコンピュータは人間に匹敵する知能を持っていると言える、というわけです。彼の名前をとってチューリングテストと言います。

ではもう一つ問題。チューリングテストをパスする人工知能は、知能を持っていると言ってよいでしょうか。

が楽しめるようにする上でも、ゲームのなかで起きていることをプレイヤーが認識しやすく表現するのは重要です。ゲームをつくるということは、遊ぶ人に「おもてなし」をすることでもあるのですね。

11　メタAIの出番ですよ！

では、いまつくろうとしている合戦ではどうしましょうか。私たちはメタAIをつくることで、合戦がいっそう面白く味わえるようにしたいのでした。

メタAIを使わず、個々のキャラクターのAIだけで処理すると、先ほど述べたような状況が生じてしまいます。どのキャラクターも、自分の目標達成（打倒プレイヤーキャラクター）に熱心なのはいいのだけれど、それだとプレイヤーはたまらないわけです。どうすればやられずに対処できるのかも分かりません。あくまでプレイヤーが楽しく遊ぶことが目的ですから、なんとかする必要があります。そこでメタAIを使って、合戦が面白くなるように工夫してみます。

先ほど述べたように、メタAIは言うなれば神様のようにゲーム全体を俯瞰して操作する人工知能です。ゲームの状況全体を認識した上で、プレイヤーのゲームプレイ体験がよくなるようにしたいわけです。そうそう、この合戦ゲームのコンセプト（提供したいＵＸ）は、先ほど例に出した「無双」シリーズと同様、「一騎当千」としておきましょうか。戦場で敵が何人いようとも、道を切り拓《ひら》いて戦う英雄の醍醐味《だいごみ》を味わえるようにします。

そこでまずメタＡＩに、プレイヤーキャラクターの周りを観察させましょう。なにはともあれ、プレイヤーが直《じか》に目にしている現場をまずはどうにかしようというわけです。プレイヤーキャラクターとその周囲に一〇人の敵キャラクターがいるとしましょう。

このとき、メタＡＩが監督しない状態だと、一〇人の敵キャラクターは、各人が打倒プレイヤーという目標達成のために一斉にプレイヤーキャラクターを攻撃するでしょう。これだとさすがのプレイヤーもどうにもなりません。それぞれの敵キャラクターは、自分の仕事に忠実なのですが、プレイヤーをもてなすゲームの遊びとしては足りないというわけでした。

さてそこで、一〇人の敵キャラクターには、プレイヤーを楽しませるような戦い方をさせたいと思います。先ほどの時代劇の例を思い出しましょう。主人公が複数の敵に四方八方を囲まれて、お互いにじりじりと攻撃の隙を窺《うかが》っている状況。たいていの場合、敵は全員一斉に襲いかかるのではなく、一人ずつとか二人ずつが順番に行動します。まるで「いっぱいいますが、どうぞ順番にかっこよく倒してください」と言わんばかりです（というか、その通りなのですが）。いま考えている合戦ゲームでも、同じような状況にしましょう。そのためには、敵キャラクターたちが、お互いに攻撃のタイミングを調整する必要があります。

こうした状況をつくるには、例によっていろいろなやり方がありえます。ここでは「トークン」を使ったつくり方をご紹介します。「トークン（token）」とは、「徴《しるし》」や「証拠」という意味の言葉で、他にも「食券」や「チップ」といった意味もあります。いずれも、なにかを区別するためのものですね。ここでは、トークンとは「許可証」ぐらいの意味で捉えておきましょう。

どうするかというと、それぞれの敵キャラクターは、プレイヤーキャラクターを攻撃する場合、トークンが必要であるという条件をつけます。トークンを持っていないキャラクターは攻撃できないわけです。トークンはどうやって入手するか。敵キャラクターは、プレイヤーキャラクターを攻撃するという意思決定を行った場合、即座に行動に移すのではなく、監督であるメタＡＩにお伺いを立てます。敵キャラクターは、攻撃許可を求める申請をメタＡＩに出すわけです（図4）。

メタＡＩは、複数の敵キャラクターからの申請を受けとることになります。メタＡＩは、

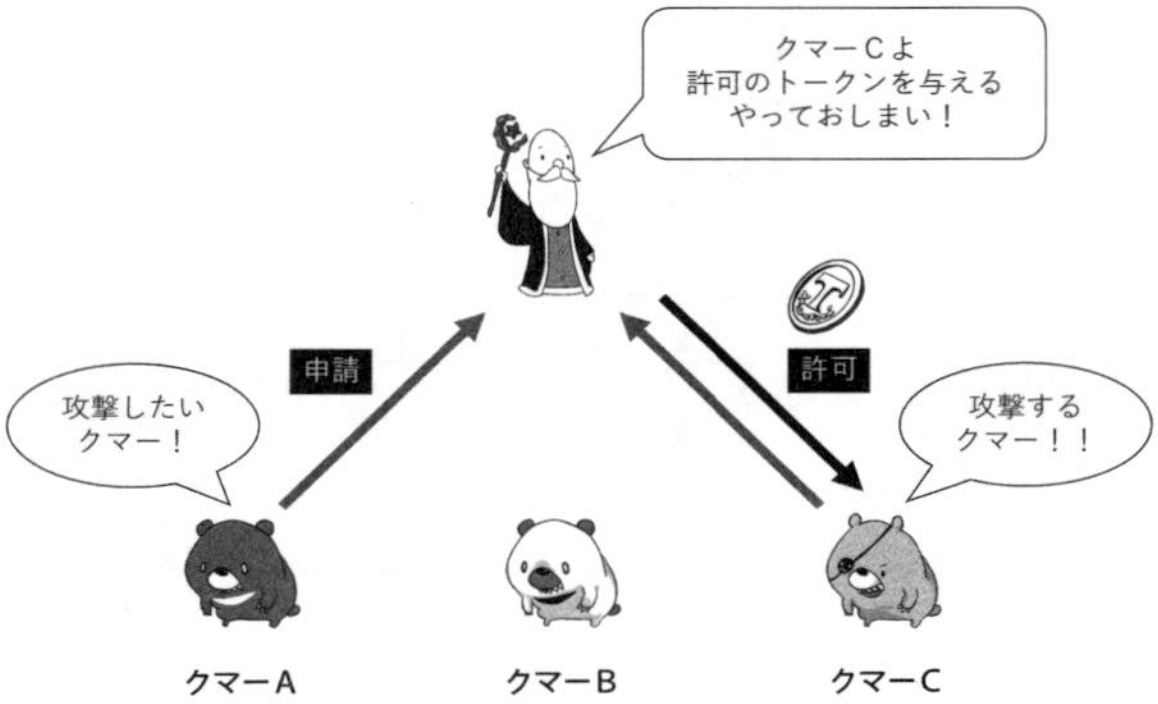

図４　トークンによる攻撃の調整

そうした申請のなかから、攻撃に最適な敵キャラクターを一体選びます。例えば、敵キャラクター①、②、③、⑥から攻撃申請が来ている。この場合、プレイヤーキャラクターに最も近い③を選んで、③に対して攻撃を許可するトークンを渡します。ここでどのキャラクターを選ぶかは、いろいろなやり方があります。例えば、最も強力な敵キャラクターを選ぶとか、全員に影響をもたらす魔法を使えるキャラクターを選ぶなどです。この選択基準は、プランナーが設計します。

複数の攻撃申請を出してきた敵キャラクターから最適の一体を選ぶこと。これがメタＡＩにとっての意思決定です（図５）。このとき、先ほど説明したゲームのコンセプトが重要になり

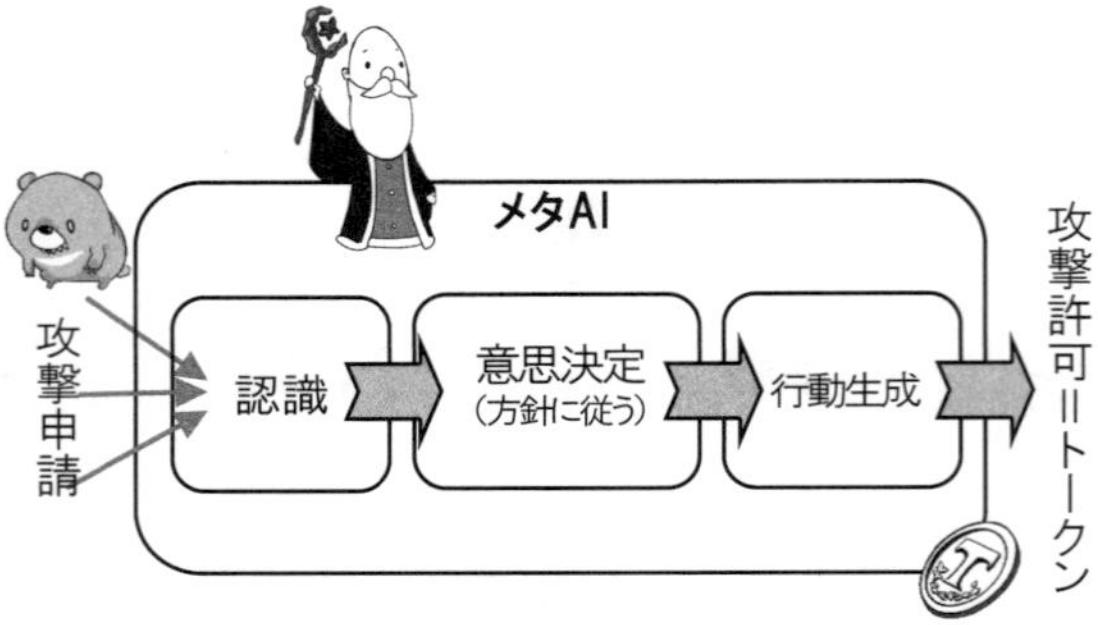

図５　メタAIの中身

ます。プレイヤーにどんな体験を楽しんで欲しいかという方針にかなうようにメタＡＩが意思決定する必要があるからです。メタＡＩは、選んだ敵キャラクターにトークンを渡します。

トークンを受け取った敵キャラクターは、言うなれば攻撃の許可をもらった状態、ゴーサインが出た状態なので攻撃行動をとります。攻撃が終わったら、トークンをメタＡＩに返すようにします。メタＡＩは、他に攻撃申請をよこしている敵キャラクターのなかから、最適のキャラクターを選んでトークンを渡す。攻撃が終わったら返す。これを繰り返すわけです。この攻撃許可を意味するトークンを持っている敵キャラクターだけが、実際に攻撃するという仕組みです。

お分かりのように、意思決定が二重になっています。第一は、それぞれの敵キャラクターの人工知能による意思決定。ただし、その意思決定を即座に実行に移すのではなく、トークンを使ってメタAIによる第二の意思決定を待ちます。

いまはトークンが一つの場合で話しましたが、もちろんトークンは二つでも三つでもかまいません。トークンが二つある場合、敵キャラクターは最大二体が同時に攻撃する状態になります。ともあれ、こうすることでたくさんの敵キャラクターに囲まれた状態であっても、全員が一度にプレイヤーキャラクターに殺到するようなことはなくなり、プレイヤーが対応できる程度の数に制限できるわけです。このようにメタAIの仕事は、まずはプレイヤーの周囲の出来事を整えることにあります。

いまは敵キャラクターについて話しました。同じようにして、メタAIはプレイヤーの味方キャラクターもコントロールします。

12　味方もコントロールする

このゲームでは、プレイヤーから見て味方の兵士たちも、プレイヤーキャラクター以外はすべて人工知能で動かしています。ですから、かれらも放っておいても、手近な敵を見つけて戦います。

今度は味方キャラクターですので、単に敵を倒すだけでなく、大将であるプレイヤーキャラクターがピンチになったら助けに来るようにします。つまり味方キャラクターの行動選択肢のなかに、大将がピンチであると認識したら大将に近づいて敵を倒すという選択肢を加えます。ここでピンチとは、プレイヤーキャラクターの体力が残り三分の一未満であるとしましょうか。

こうすると何が起きるでしょうか。プレイヤーキャラクターは敵一〇人と交戦中。その周囲に味方キャラクターも一〇人いて、それぞれが別の敵キャラクターと戦っているところ。プレイヤーキャラクターが二人の敵から同時に攻撃を受けて避け損ない、体力が五分の一まで減ってしまいました。ピンチです。

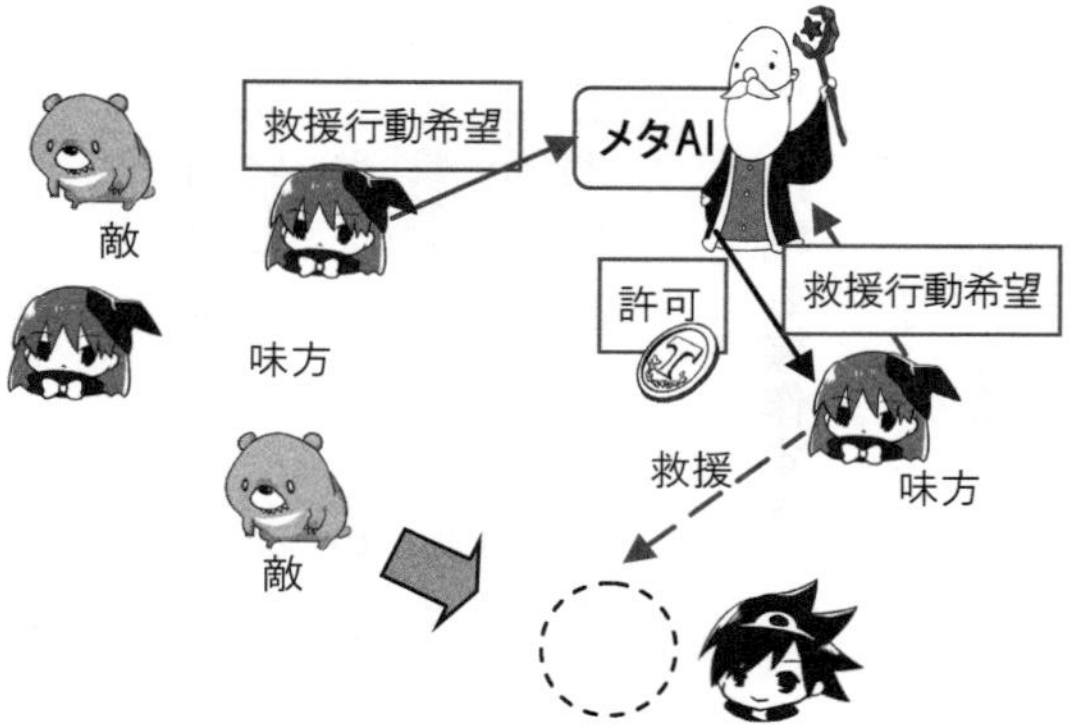

図６　メタAIは助ける味方キャラクターを選択する

プレイヤーキャラクター一〇人が全員、大将のピンチを認識しました。このままでは、全員がプレイヤーキャラクターのほうへ駆け寄り集まってしまいます。大将に忠実といえば忠実ですが、絵としてもなんだか間が抜けていますね。それに、みながみな目の前の敵を放置してしまったら、大将の周囲を包囲する敵が増えてしまうかもしれません。これはこれで困った状況です。

やはり先ほどの敵キャラクターの場合と同様に、全員が殺到するのではなく、的確に助けに入るようにしたいと思います。

そこで、プレイヤーキャラクターとそれを攻撃している敵との間に割って入ることを目標とします。味方キャラクターのうち、現在いる場所から、その位置まで最短時間で移動できるキャラクターを選ぶことにします。

より具体的には、プレイヤーキャラクターと攻撃中の敵を結ぶ線を考えて、その線分のうちプレイヤーキャラクターに近い点に最も早く辿《たど》り着けるキャラクターを選びます（図6）。仮にプレイヤーキャラクターの救援が間に合わないとしても、選ばれた味方キャラクターがプレイヤーキャラクターのほうへ移動するようにしましょう。間に合わなくても、攻撃中の敵に反撃できますし、なによりプレイヤーに「助けに来た」という意図が伝わります。プレイヤーからしてみれば、「味方がピンチを助けに来てくれた！」と感じるでしょう。ゲームを盛り上げる演出としても重要です。大事なことは、プレイヤーの体験を生み出すことだからです。

13 環境も操作する

さて、ここまでのところ、敵キャラクター、味方キャラクターをメタＡＩでコントロールしました。先ほども述べたように、メタＡＩが操作するのはキャラクターだけではありません。ゲームを構成する要素であれば、なんでも使えます。それらを大きく「環境」とまとめておきましょう。キャラクターたちを取り囲むものですね。

一言で「環境」と言っても、大きなスケールから小さなスケールまであります。例えば、ゲームの世界のなかで、最も大きなスケールの環境として天候があります。天候を調整すれば、プレイヤーの体験を変えることができます。

例えば、ゲームの状態を観察してみたところ、プレイヤーのブルー軍が有利で、このままではゲームが簡単すぎてしまいます。そこで、天候を利用して、戦場の状態を変えてみましょう。雨を降らせて足元を悪くします。もちろん、こうした天候の表現や効果も実際にはプログラムで実現します。空模様を曇りにして、雨が降っているように演出したり、先ほどまで乾いていた大地にも雨水でぬかるんだり水たまりができる様子を表現します。それだけでなく、キャラクターたちは足をとられたり、走っている場合は止まりづらくなったりします。もっと影響を出すなら、泥がはねて目に入ると、しばらく視界が利かなくなるといった効果をつくってもよいでしょう。こんなふうにすると、プレイヤーは戦いづらくなって、優勢な状況が緩和されるかもしれません。

逆にプレイヤー側が不利すぎると判断した場合は、ブルー軍の背後から風を吹かせてみましょうか。風なんてなんの役に立つのかと思うかもしれません。この風はたんにびゅーびゅ

図７　天候を操ると同時に、敵キャラクターに指示を出すメタ AI

ー音がしたり、木の葉が舞ったりするだけでなく、プレイヤー側の軍勢に背後から力を加えることになります。移動速度や弓矢に勢いがついたりするわけです。これが海上の戦いならさらに効果が目に見えるところ。

あるいはその反対に、敵のレッド軍側が風上になるように風を吹かせて、敵キャラクターに指示を出して近くの森に火をつけさせる。火は風の向きによって延焼してプレイヤーの軍勢に迫ってゆく、といった使い方もできます（図7）。

こんなふうにゲーム世界に天候の要素を用意して、これをメタＡＩで制御するわけです。基本的な考え方はこれまでと同様です。プレイヤー側の軍勢と敵側の軍勢の状態を認識して、ゲームがプレイヤーにとっていっそう面白くなるように天候を変化させて調整するのです。これも監督であるメタＡＩの仕事です。

14　全体の状況を知りたい！

ところで、ゲーム中、いまプレイヤーが有利か不利かということはどうしたら分かるでしょうか。格闘技ゲームのようにキャラクターが一対一で、お互いの体力を先にゼロにしたほうが勝ちというタイプのゲームなら、体力を比べれば有利か不利かは分かりそうです。でも、いま考えているたくさんの兵士が入り乱れて戦う合戦のような状況では、関係する要素もたくさんあって、格闘技ゲームのようにすっきりとはいきません。

特に合戦ゲームの場合、戦場となるゲームの空間も広くて、キャラクターも数百単位であちこちにいます。この全体の状況を踏まえて有利か不利かを判定したいところ。どうすればよいでしょうか。

こういう広い場所で複雑な状況が展開するような場合、全体をいくつかのブロックに分けてみるのはよいやり方です。全体を一度に判断するのは難しくても、例えばゲーム世界の空間全体を三×三とか一〇×一〇など、いくつかのブロックに分けて、それぞれのブロックの状態を把握するという発想です。こうすれば、ブロックごとの様子は、いきなり全体を見るよりは容易に確認できます。

そうした発想の一つに「影響マップ」という技術があります。影響マップとは、いま考えている合戦ゲームのような状況で、敵味方の勢力分布の様子を確認するためのとてもシンプルな方法です。

まずゲーム世界全体のマップを、グリッド（マス目）に分割します。そして、マスごとに敵キャラクターがいるかどうかを確認します。敵キャラクターがいるマスは5ポイント、その周りのマスは3ポイント、さらにその周りは1ポイントという具合に、敵がいるマス目にポイントを加算します。これはつまり、マスごとに、敵キャラクターの影響がどのくらいあるのかを数値化する方法です。この数値を「影響度」と呼ぶことにしましょう。このようなルールですべてのマスについて数値を計算してみると、敵キャラクターがいる周辺のマスほど、影響度が大きくなります（図8）。

また、それとは反対に、プレイヤーキャラクターや味方キャラクターがいるマスの影響度も設定しましょう。プレイヤーキャラクターがいるマスは−5ポイント、その周りのマスは−3

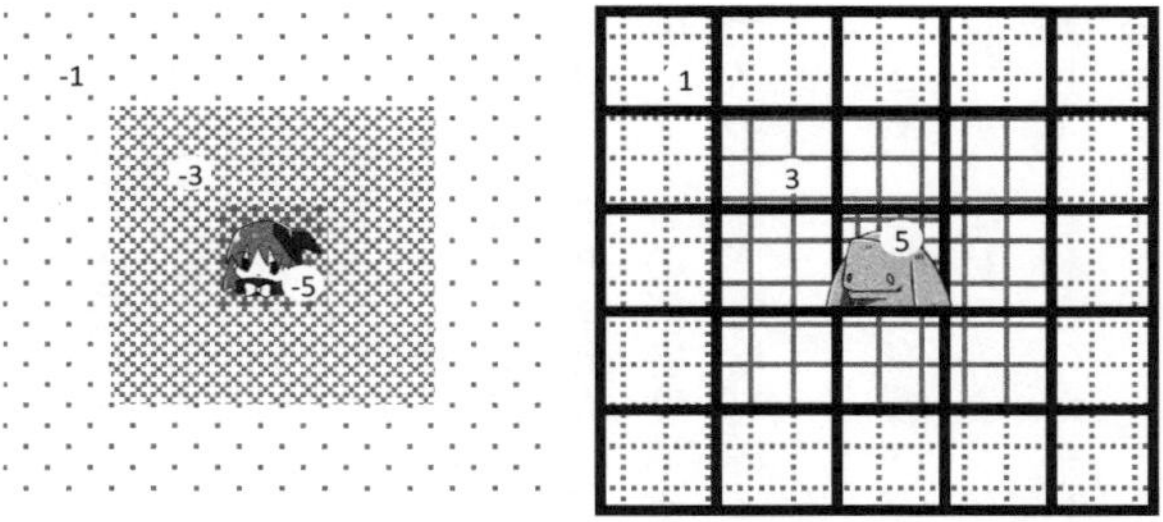

味方キャラクター周辺（青いエリア）のマス目のポイント表現

敵キャラクター周辺（赤いエリア）のマス目のポイント表現

図８　影響度を数値化する

ポイント、さらにその周りのマスは−1ポイントという具合です。

すべてのマスについて、敵・味方の全キャラクター分をこのように計算すると、敵の密集しているところは影響度がプラス方向に大きくなり、味方が密集しているところは影響度がマイナス方向に大きくなります。

もちろんマスごとの数値を並べるだけでも影響度の違いを把握する上では問題ありません。メタＡＩにとってはこれで十分です。他方で、人間がこの様子を見ようという場合には、たくさんの数値が並ぶだけだと分かりづらいので、もうちょっと見やすくする工夫が必要です。

例えば、天気予報などで温度分布図が提示されることがあります。地図の上に、暑いところはオレンジ、寒いところは青で色をつけたものです。これなら、地図全体の色の様子を眺めるだけで、寒暖が分かりますね。

同じように、影響マップについても、プラスの値を赤く、マイナスの値を青く塗ってみます。数値が大きいほど色を濃く、数値が小さいほど色を薄くしましょう。こうするとゲーム世界の空間全体について、影響度の違いを色の違いで見ることができます。こうした地図のことを「ヒートマップ（温度図）」と呼びます。まさに天気予報で見かける図のことです。しかし、ここでは敵と味方の密集度合いを影響度と呼んで、その違いを表現しているので、温度ではありません。ただ、二つの勢力を寒暖のように譬えて眺めることもできますね。実際、プラスの影響度は赤くしているので、熱い場所、熱源と呼んだりします。同様に、マイナスの影響度を冷却源というわけです。

さて、これで影響マップができました。マップ全体の敵味方の分布を大まかに把握する手段です。なぜこのようなマップをつくったのかを思い出しましょう。私たちは、プレイヤーが目下、有利なのか不利なのかを判断したいのでした。影響マップはどのように使えるかお分かりですか。

例えば、プレイヤーキャラクターがいる辺りを見てみます。このとき、プレイヤーキャラクターの周りが赤いとしたら、プラスの影響度が強いわけですから、敵の影響度が高い状態、つまりピンチです。プレイヤーキャラクターの周囲が青ければ、そこは味方が多いので比較的安全な状態だと分かります。

15　影響マップで調整しよう

では、いまつくった影響マップを使ってみましょう。

スポーツの試合などもそうですが、戦いは両軍の勢力が均衡しているほうが結果が読み切れずに面白くなります（他方、大逆転で勝ったりする醍醐味もありますね）。影響マップを使って、両軍が均衡する状態になるように調整してみましょう。

これもいろいろなやり方が考えられます。例えば、プレイヤー側のブルー軍がピンチだとしましょう。均衡をとるためには、レッド軍を少し弱くする必要があります。そのために、敵軍の最も密集している場所に対して攻撃することを考えます。

影響マップを使えば敵味方の最も密集している場所も分かります。影響マップのうち、最

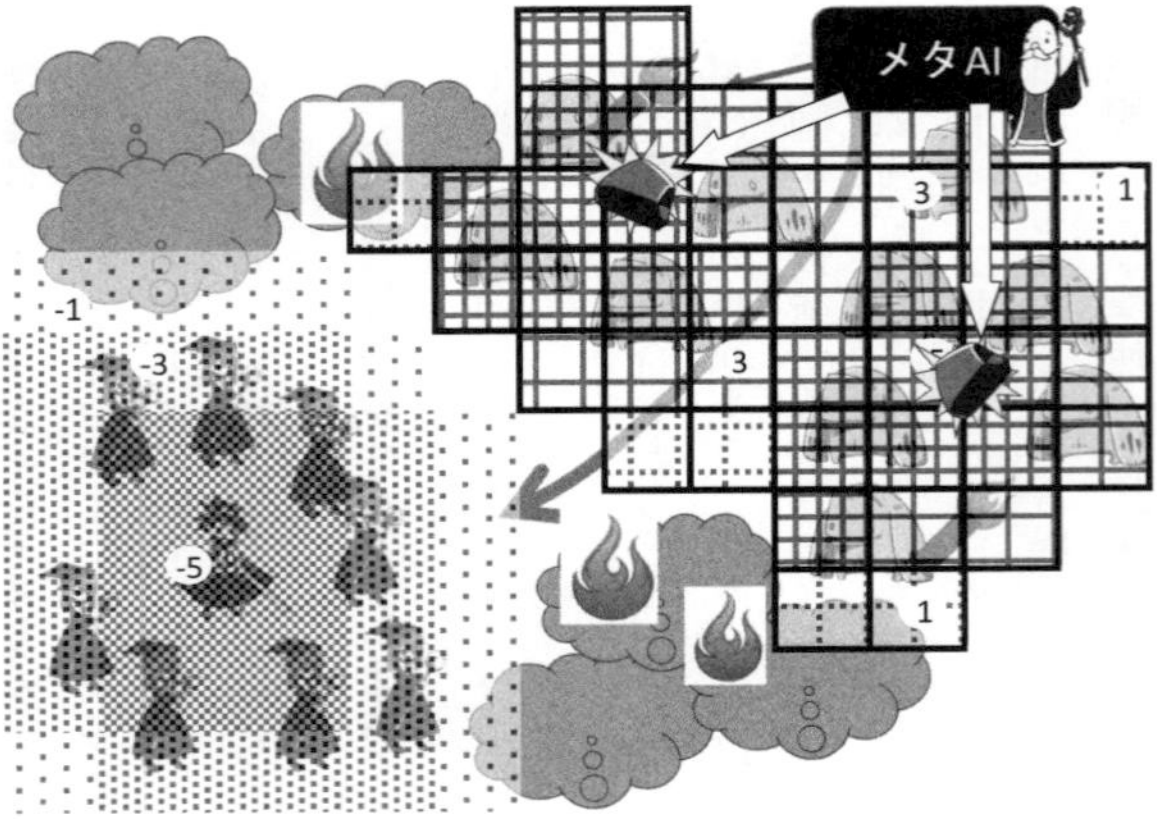

図９　岩を転がして局面を変化、調整させるメタ AI

も赤い場所に敵が密集しています。そのマスをめがけて岩を転がして局面を打開しましょう。また、逆にプレイヤー側が優勢なら、味方の最も密集しているマスに岩を転がして局面を引き締めます。この岩は自然に転がり落ちてくる環境の一部として機能させます。いつどのタイミングでどこに転がすかをメタＡＩが指定するわけです。岩については第二章で考えましたね（図9）。

　影響マップを使うと、戦場が膠着《こうちゃく》状態にある様子も確認できます。膠着状態は変化に乏しいので、あまり長く続くとプレイヤーがだれてしまうかもしれません。そこでこんなふうにチェックしてみましょう。

　マップ上で敵勢力と味方勢力が分離している

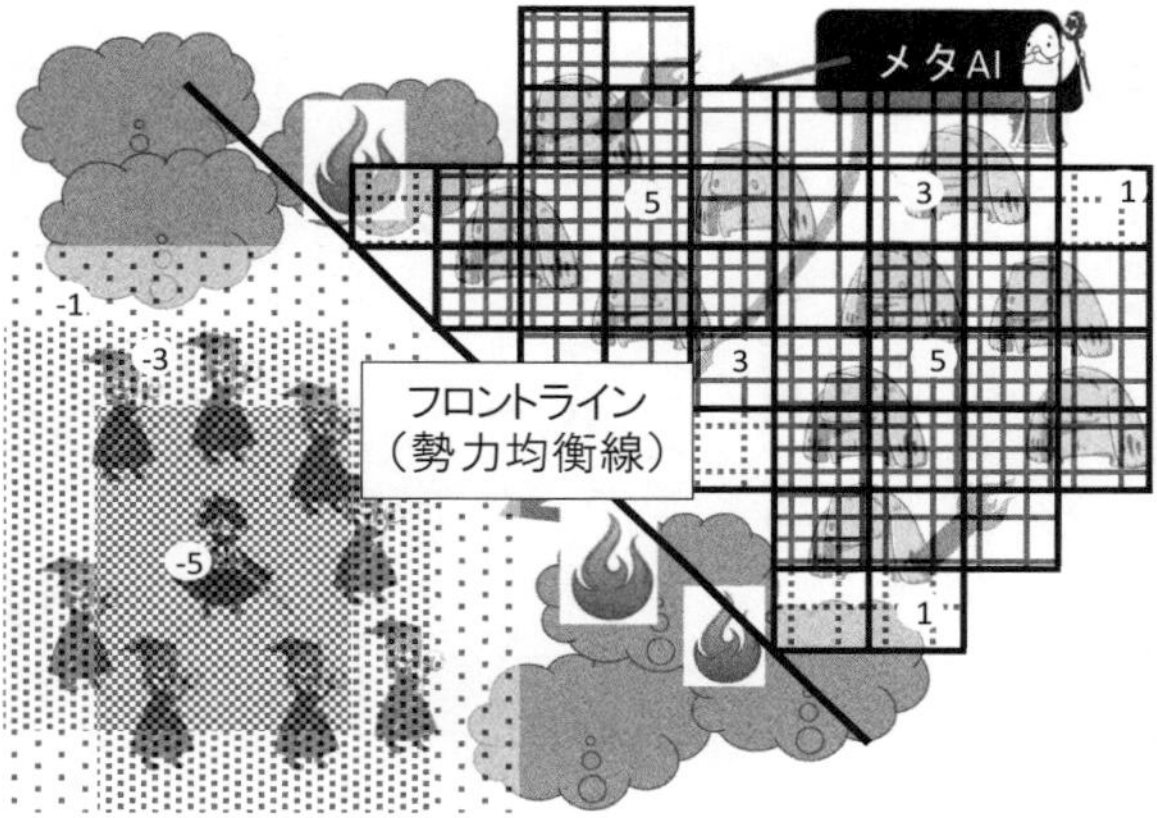

図10　ヒートマップから導かれるフロントライン（勢力均衡線）

場合、両者の中央に影響度がゼロのグリッドが現れます。これをつなげば曲線が描かれるでしょう。これを前線と言います。英語ではフロントライン（frontline）、まさに前にある線ですね。これが敵・味方の境界です（図10）。

　さて、味方勢力が敵勢力に近づいて行くと、前線が敵側に押し込まれることになります。つまり前線が動くということは、勢力が押しあっていることを表します。逆に前線があまり動かないということは、戦場が膠着状態にあることを意味します。

　そのように前線の動き（時間の経過にともなう変化）を確認するのもメタＡＩの仕事です。膠着状態が一定時間以上続くようなら、敵味方のキャラクターを移動させて、前線がもっとダイナミックに動くように仕向けたりしてもよいですね。これもまたゲームの展開を面白くするためのメタＡＩの仕事です。

あるいは、前線がはっきりせず、両軍が入り乱れている状態を分断したい場合、その場所に岩を転がしたり、河の水を流したりして、変化を起こせばよいわけです。

このように影響マップから戦場全体の状態を認識して、両軍の均衡を回復したり、前線を動かしたり、あるいは前線をつくったりするわけです。こうしたことはメタＡＩの仕事ですが、その方針を決めるのは、やはりプランナーの仕事です。つまり、戦場がどんなふうに変化すれば、そこで戦っているプレイヤーがいっそう楽しく遊べるかを考えた上でメタＡＩの行動を考えます。すべてはよりよいユーザー体験のためにつくるわけです。

16　地形も活用する

もう少し別の角度からも考えてみましょう。多くの場合、こうしたゲームでは、プレイヤーは何十回、何百回と繰り返し遊んだりします。ゲームの中心要素が合戦なら、何度も何度も繰り返し合戦で遊ぶことになります。

このとき気をつけなければいけないことがあります。人間は、同じような状況を繰り返し体験すると、やがて飽きてしまいます。そこでゲームでは、まったく同じ状況をそのまま繰り返させることはあまりありません。たいていの場合、遊び方は同じでも、ステージをどんどん変化させたり、登場する敵の種類を変えたりして、同じ遊びが違う状況になるように工夫します。人間が飽きっぽいからです。飽きたらゲームを止めますよね。作者としては、せっかくなら最後まで、あるいはずっと遊んで欲しいところです。

そのためには、飽きずに遊べるようにする必要があります。要するに変化をつける必要があるのです。一回一回の戦闘に他とはちがう特徴があれば言うことなしです。どうしたらよいでしょうか。

まず戦闘が行われる地形に着目してみましょう。地形にはそれぞれ特徴があります。そうした特徴を使えば、戦闘に変化をもたらすことができます。

例えば、図11のように上下で睨《にら》み合う二つの軍勢がいるとしましょう。戦場は、向かって左側が高台になっています。戦場では高い場所が有利です。というのも、見晴らしもききますし、高台に兵を置いて、坂を下りつつ敵に向かえば勢いもつきます。

そこで舞台監督であるメタＡＩとしては、この地形を使わない手はありません。戦局をダイナミックに変化させるために、敵軍をいったん高台に待機させて、時機を見てプレイヤー

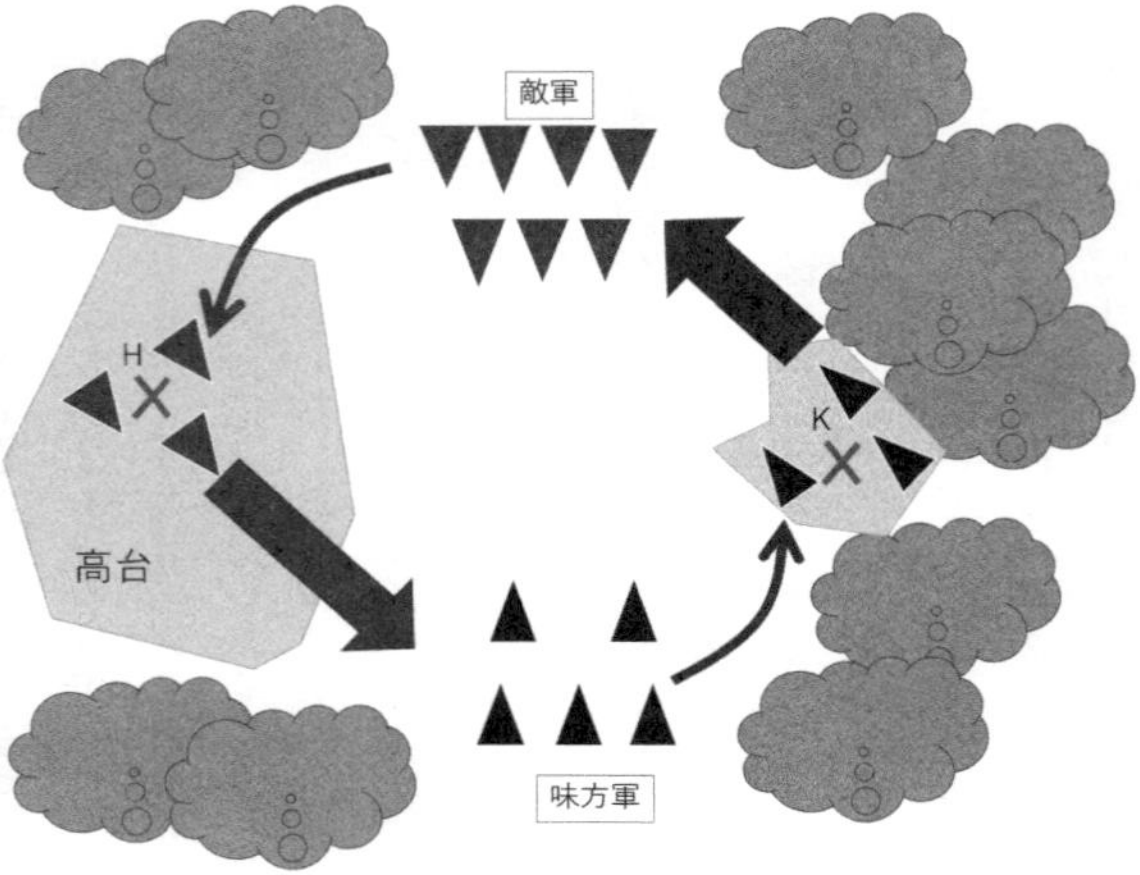

図 11　メタ AI の指示により軍勢を移動させる

キャラクターに突入させる、という戦術を使うことにしましょう。ただし、個々の特定の地形に対して専用の戦術をつくるというよりは、マップがさまざまに変化した場合でも対応できるようにつくりたいものです。

そのためには、まずメタＡＩが地形を把握する必要があります。こういう場合、例によっていろいろなやり方があります。一つは、地形の把握をサポートしてくれるような別のＡＩを用意するのが一つの手です。ちょうどスマートフォンやコンピュータを使う際、お天気アプリや地図アプリなど、必要に応じてアプリを呼び出して天気を確認させたり、現在地を確認させたりするようなものです。

ここでも地形の把握をサポートする「ナビ

ゲーションAI」の助けを借りましょう。ナビゲーションAIとは、ゲーム世界の地形を解析してキャラクターを案内（ナビゲート）する専門家でしたね。例えば、メタAIがナビゲーションAIに対して「この辺り50メートル以内で一番高い場所を教えてくれ」と命令します。すると命令を受けたナビゲーションAIは、プレイヤーキャラクターを中心とした半径50メートル以内から、一番高い場所を探して「ポイントHが一番高いですよ」と答えを返します。ナビゲーションAIは、マップ全体をナビゲーション・メッシュと呼ばれるマス目で捉えています。ナビゲーション・メッシュには、それぞれに高さの情報も備わっているわけです。

このようにプレイヤーキャラクターを中心とした半径50メートル以内で最も高いポイントがHであるということが分かりました。この情報を得たメタAIは、目下戦闘に参加していない敵キャラクターに対して、「ポイントHへ移動せよ」と命令を出します。同様にして、ポイントHの次に高いポイントKには、やはり戦闘に直接参加していない味方キャラクターを移動させます（図11）。

先ほど岩を転がす際に考えたのと同じように、戦局が膠着していると判断された場合、ポイントHやKにいる軍勢をその高台から前線に突入させるわけです。プレイヤーが優勢ならポイントHから敵軍を、プレイヤーが劣勢ならポイントKから自軍を突入させます。こんなふうにして、地形を活用してゲームのバランスをとることができます。

地形の活用について、もうひとつ別の例で考えてみましょう。今度はプレイヤーキャラクターの近くに敵を潜ませて、プレイヤーを急襲させてみましょう。要するに潜んで待ち伏せをする作戦です。

潜むということは、当然ながらプレイヤーキャラクターから見えていてはいけません。プレイヤーキャラクターたちから隠れた状態をとる必要があります。では、どうしたらそういう状態をつくれるでしょうか。しかも、プレイヤーキャラクターになるべく近い場所を選びたいとします。

あるキャラクターから別のキャラクターが見えているか見えていないかという点については、第一章で考えた視線判定が使えます。いま実現したいのは次の条件を満たすような場所に敵キャラクターを配置することです。

①プレイヤーキャラクターたちから見えない場所

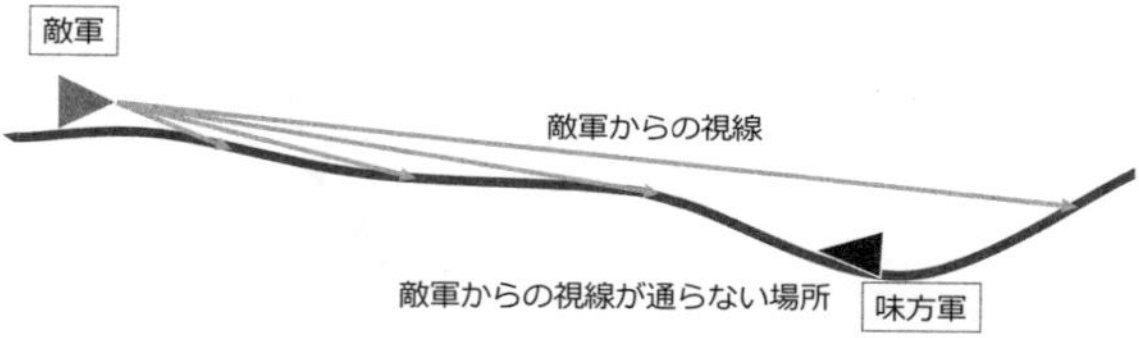

図12　視線判定が切れる場所に敵キャラクターを隠す

②プレイヤーキャラクターたちになるべく近い場所

この①と②の条件を両方満たすような場所を探したいわけです（図12）。例えば、次のようにするとそういう場所を見付けられます。

まずプレイヤーキャラクターがいまいる場所に、仮に敵キャラクターがいるとします（図13）。これはあくまで仮の話で、実際にそこにいるわけではありません。いうなれば頭のなかでシミュレーションするわけです。

この状態では、敵キャラクターはプレイヤーキャラクターから丸見えですね。だからここは駄目です。この位置を出発点として、敵キャラクターを少しずつプレイヤーキャラクターから離れさせてみます。もちろんこれも仮に試すだけで、実際にそこに敵キャラクターがいるわけではありません。

このとき視線判定（ＬＯＳ）を行います。つまり、プレイヤーキャラクターと敵キャラクターの間に線を引きます。この線がなにかに邪

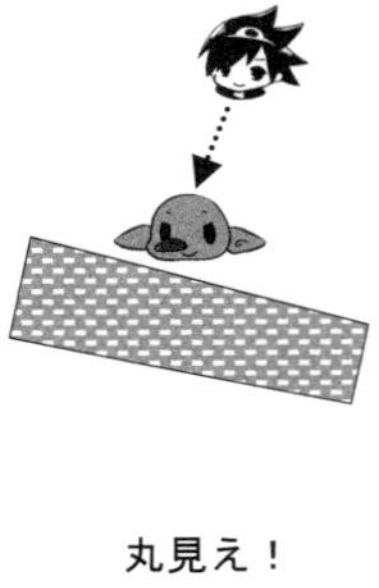

図13

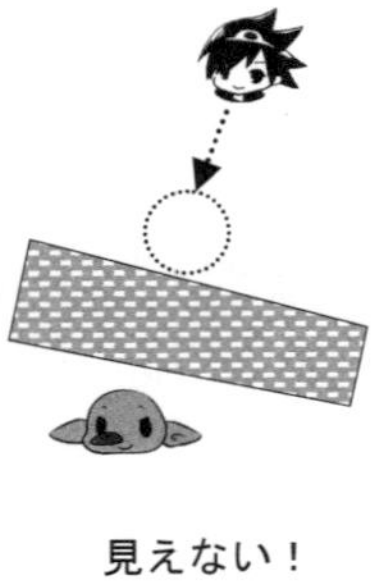

図14

魔されずにつながっている場合、プレイヤーキャラクターから敵キャラクターへの視線が通っている、見えていることになります。もしこの線が途中で途切れるなら、その場合は視線が通っていない。つまりプレイヤーキャラクターから敵キャラクターの姿は見えていないことになります（図14）。

・プレイヤーキャラクターの位置から遠ざかる
・LOSを判定する

これを繰り返してゆくと、LOSが切れる、つまり視線が通らない位置が見つかります。

例えば、図12のように起伏のある地形が分かりやすいかもしれません。このようにプレイヤーキャラクターの位置から見えない、でもなるべくプレイヤーキャラクターに近い場所に敵キャラクターを移動させて待機させるわけです。待ち伏せ（Ambush）ですね。伏せて待つ間も定期的にＬＯＳをチェックして、プレイヤーキャラクターの視線から隠れていることを確認します。プレイヤーキャラクターが移動してＬＯＳが通ってしまったら、再び先ほどと同様に隠れるポイントを探します。

17　戦術位置検索

地形を活用する例として、もうひとつ近年のゲーム業界で使われている手法もご紹介しましょう。「戦術位置検索」という技術があります。これはゲームの舞台となる地形のなかから、自分の目的にかなった目標地点を見つけ出す手法です。

この技術を使うとメタＡＩは目的にかなった場所を自ら見つけ出し、キャラクターたちを効果的に動かすことができます。技術自体はとてもシンプルなもので、二〇〇四年ぐらいからゲームのプログラムで用いられてきました。最近では、プランナーも使えるような形のツールにもなっています。その概要と考え方をご紹介しましょう。これもまたゲームのＡＩをつくるアイデアの一つです。

戦術位置検索は三つの過程からなります。先に大まかにいえば次の通り。

①点生成過程
②フィルタリング過程
③評価過程

どういうことか説明してみます。まず、①の点生成過程です。はじめに動かしたいキャラクターの周りに点をグリッド（マス目）状に置きます。点をばらまいているとイメージしてもいいですね。これを「点生成過程（ポイント・ジェネレーション・プロセス）」と言います。なぜこんなことをするのかというと、これから目的にかなった場所を探すために、まずはその候補となる位置を設定するためです。言い換えると、いまばらまいた点のどれかが、目的とする点であるかどうかを探るわけです。

次に②のフィルタリング過程です。この過程では、条件を指定して、①で置いた点のなかから、条件に合わない不必要なポイントを削除します。例えば、点が置かれた場所のうち、足場が金属の場所は除外する（足を踏み入れたとき音がするのを避けたいから）などです。フイルタリングとはつまり、点をなんらかのフィルターにかけて、網目を通り抜けたものだけを残すという感じです。漉《こ》すわけですね。後でもう少し具体的な例を紹介しますので、ここでは概要を先に述べます。

②のフィルタリングの結果、いろいろな条件を満たす点だけが残っているはずです。そこで③の評価過程では残った点を評価します。評価の仕方は、ヒートマップで敵・味方の有利不利を計算したのを思い出すとよいでしょう。それぞれの点に点数をつけるのです。そのように評価値を計算して、最も高い評価値を持つ点を選択します。

こうすることで、目的にかなった点を選べるというわけです。「戦術」、つまりなんらかの目標達成を目指して「位置検索」を行うという発想です。

この機能は、「KILLZONE」(Guerrilla Games, 2005) というゲームで導入されていました。このゲームでは戦術位置検索の仕組みをプログラムで使っていました。どういうことか、少し説明が必要ですね。これはゲーム開発の現場の話になりますが、よい機会なので少しお話ししましょう。

実際のゲーム開発では、マップなどを設計してプレイヤーがよりよく楽しめるように組み立てるのは、主にプランナーの仕事です。ところで、ゲームをつくる際、基本的にはプランナーがゲームの仕様書（設計書）をつくって、それに基づいてグラフィッカーが絵を描き、サウンドコンポーザーが音をつくり、プログラマーがプログラミングしてつくります。プログラマーが仕様書に基づいてプログラムをつくることを「実装」と言ったりします。いま説明したいのは、プランナーが仕様書をつくって、プログラマーが実装するところです。

このやり方を採る場合、ちょっと面倒なことも生じます。なにしろプランナーが仕組みを考えて仕様書に書き、それをプログラマーが読んで実装します。それですんなり完成すればよいのですが、そううまくはいきません。そうして実装されたゲームで実際に遊んでみると、足りないところや不十分なところが見えてきます。すると、プランナーは直したくなります。そのためには仕様書を直して、それをプログラマーに渡して、プログラムを修正してもらうことになります。

例えば、ゲーム中でゴブリン（懐かしい！）の攻撃力を150に設定してつくったところ、実際に遊んでみたら強すぎることが分かります。そこでゴブリンの攻撃力を100にして試したい。プランナーはそう考えます。このとき、いまお話ししたつくり方の場合、プログラマーに「ねえ、ゴブリンの攻撃力、いま150なんだけど100に直してくれないかな」と依頼して、「OK、直しとくね」と引き受けたプログラマーがプログラムを修正するという流れになります。修正が一度や二度なら、このやり方でもよいかもしれません。でも、実際にはゲーム開発は試行錯誤の連続です。100でも強かったから80で試したい。80にしたら弱すぎたので90にしたい。そんなふうに調整を繰り返します。

そうすると、いちいちプランナーが仕様書を書いたり直したりして、それをそのたびプログラマーがプログラムに反映するというやり方では、手間がかかりすぎます。こんなとき、プランナーが自分で勝手にゴブリンの攻撃力をいろいろな値に変えてすぐに遊んで試せるようになっていれば、プログラマーも修正に煩わされずに済みますし、プランナーも思いつきをすぐに試せていいことずくめです。

例えば、ゲームのマップにどんな敵やアイテムを配置するかとか、モンスターの能力の設定、ゲームのシナリオやセリフといった、プランナーがつくって調整する要素については、そんなふうにプランナーが自分で直して試せる仕組みが便利です。先ほどの戦術位置検索についても、「KILLZONE」ではプログラムで扱っていたものを、後になるとプログラマーが作業しなくても、プランナーだけで設定できるようにつくられています。プランナーはプログラムをつくるわけではなく、多くの場合「ツール（道具）」と呼ばれるアプリケーションソフトの形で、そうした作業を行うように準備するのです。戦術位置検索もツール化されることで、プランナーが試行錯誤をしながら、メタAIやキャラクターAIを設計・調整できるようになりました。つまり、ゲームをつくりやすくなったわけです。

さて、話をもう一度、戦術位置検索に戻しましょう。そのツールは次のような機能を持っています。

①点生成過程

・点列の形と幅、スケールを指定できる

②フィルタリング過程

・必要な点の条件を指定できる
・条件は複数指定できる
・条件に合わない点は除去される

③評価過程
・評価式を指定できる
・残った点の評価を求め、最も評価値の高い点を候補として返す

メタAIは、このように算出される戦術ポイント（評価値）を使って状況を判断し、各キャラクターやゲームの要素に対して指示を与えるわけです。例えば、戦局が不利な場合には、一時的に撤退する位置を指示するというように。

18　戦術位置検索の応用例1　ピンチからの脱出

では、以上に説明した仕組みについて、具体例を見てみましょう。読みながら頭のなかや紙の上で状況を再現しながら考えてみるといっそう理解が進みますよ。

まず状況をご覧ください（図15）。

マップの上方中央の平地が主戦場です。向かって上側に敵軍が、下側に味方軍（プレイヤー側）がいます。敵軍一〇ユニットに対して、そのすぐそばに味方軍が三ユニットだけいま

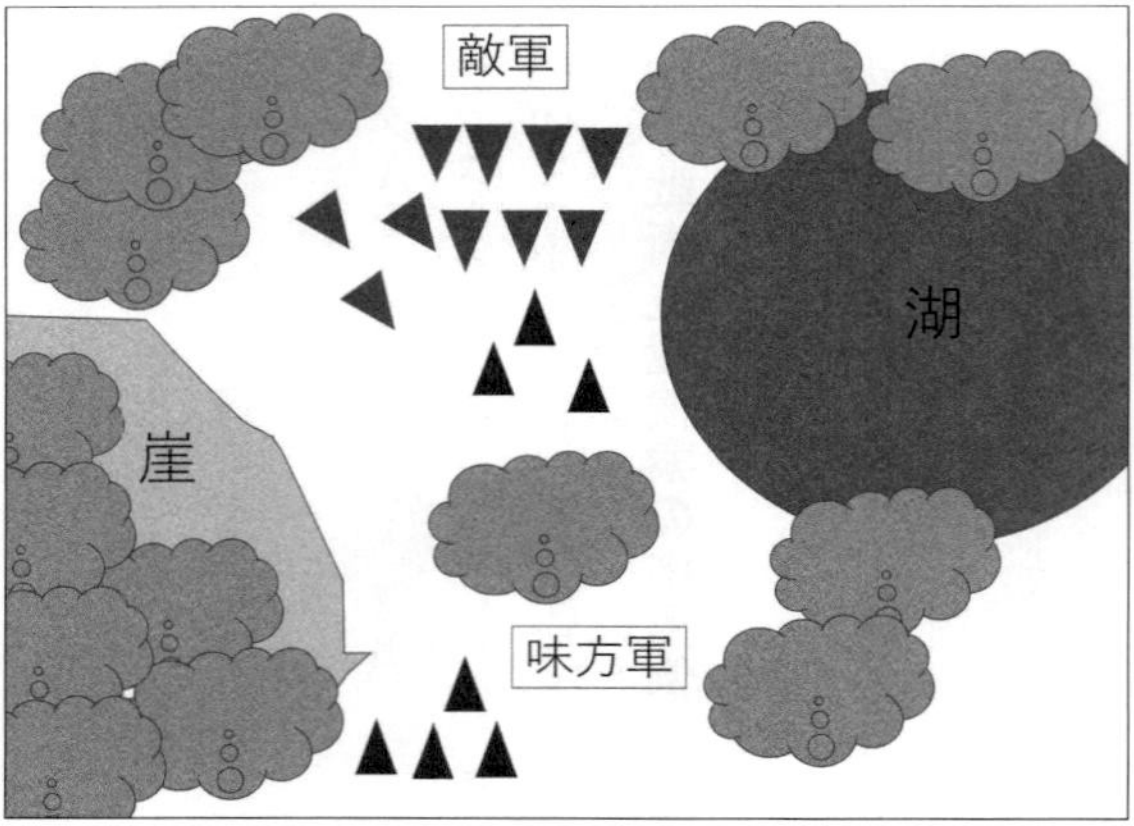

もともとの状況

図 15　戦場の初期状態

すね。これは味方軍にとっては圧倒的に不利な状況です。

マップ全体は、四隅に森が広がり、右側には湖が、左側には崖があって、いま主戦場となっている平地を囲んでいます。

ここでは敵に直面している味方三ユニットをどこへ撤退させればよいかを考えることにしましょう。放っておけば敵一〇ユニットにやられてしまい、ゲームのバランスが大きく味方不利に傾くところ。メタＡＩとしては、もう少し均衡をとるために指示を出します。

そこで、先ほどの戦術位置検索を使って、ピンチに陥っている味方三ユニットをどこへ動かせばよいかを決めます。

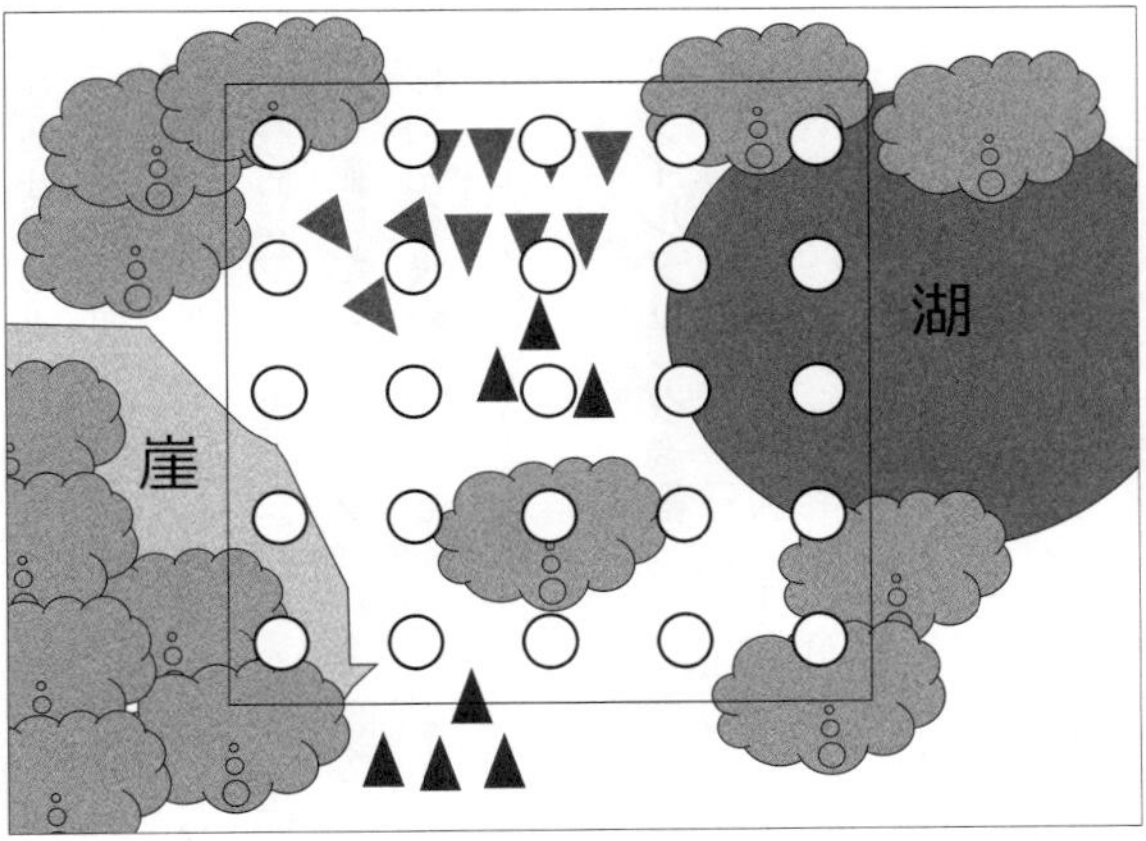

①点生成過程

図16　戦術位置検索の準備

先ほど見た三つの過程を踏みましょう。

①点生成過程（図16）

戦闘の中心地から3キロ四方に600メートルごとに点を配置。

これはつまり、ピンチに陥っている味方三ユニットが、この戦闘発生地点からどこへ移動すべきかを検討するための準備です。この過程では、単に点を置いてみているだけで、それぞれの点については判断していないことに注意しましょう。「これらの点を置いた場所のうち、いまの状況を脱するためによりよい場所はどこにあるかな」と検討するための準備です。また、この点はゲームの画面に本当に表示するわけではありません。コンピュータでは、内部的に「ここに点があるとしよう」という処理もできます。「この点を画面にこの色で表示して」とコンピュータに命じない限りは、プレイヤーには見えないわけです。ここは少し分かりづらいかもしれませんが、その場合はプレイヤーには見えない透明な点を置いていると考えるとよいでしょう。

点を置いたら、次はフィルタリング過程でしたね。いまの目標は、ピンチの味方ユニットの移動先を決めることです。いまより安全な場所を探します。そのため、いくつかの条件を設定して、不適切な点を取り除いてゆきます。

②フィルタリング過程

条件1：足場の悪い（湖・崖・森の中など）点を削除
条件2：敵から1キロ以内の点を削除
条件3：背後が湖、崖になる点を削除

ご覧のように今回は三つの条件を設定しました。条件1は「足場の悪い点」です。足場が悪いと行動に支障が出ます。足をとられてもたついたり、行く手が遮られていたりするのは

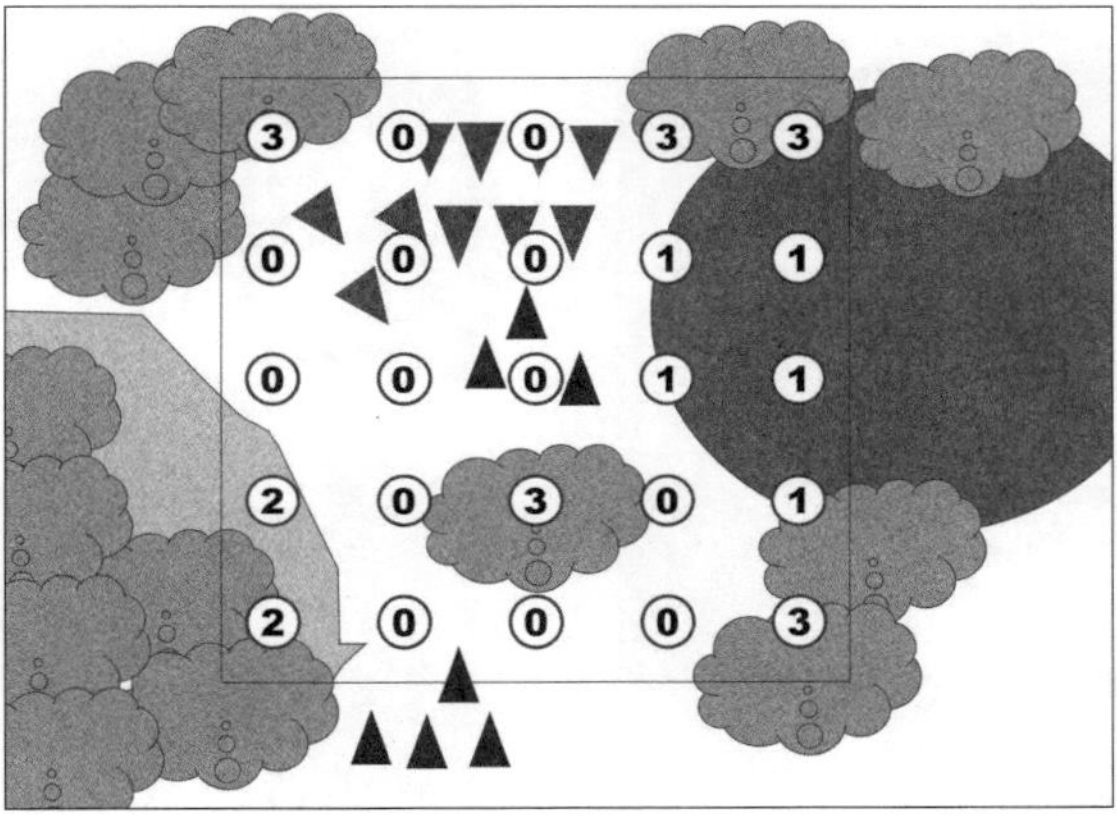

図17　地形の属性を確認する

危険ですので、このように条件をつけるわけです。

　ところで「点を削除」と書きましたが、この判定はどうやったらよいでしょうか。前に考えたように、地形のそれぞれの場所に「ここは水」「ここは崖」「ここは森」などという属性（状態）を示すデータがあればよいですね。一つ一つの点が置かれた場所について、そこはどんな属性の場所かをデータで確認すればよいわけです（図17）。

　条件2は「敵から1キロ以内の点を削除」です。これは点から半径1キロ以内に敵ユニットが存在するかどうかを判定すればよいですね。もしその点から半径1キロ以内に敵ユニットが

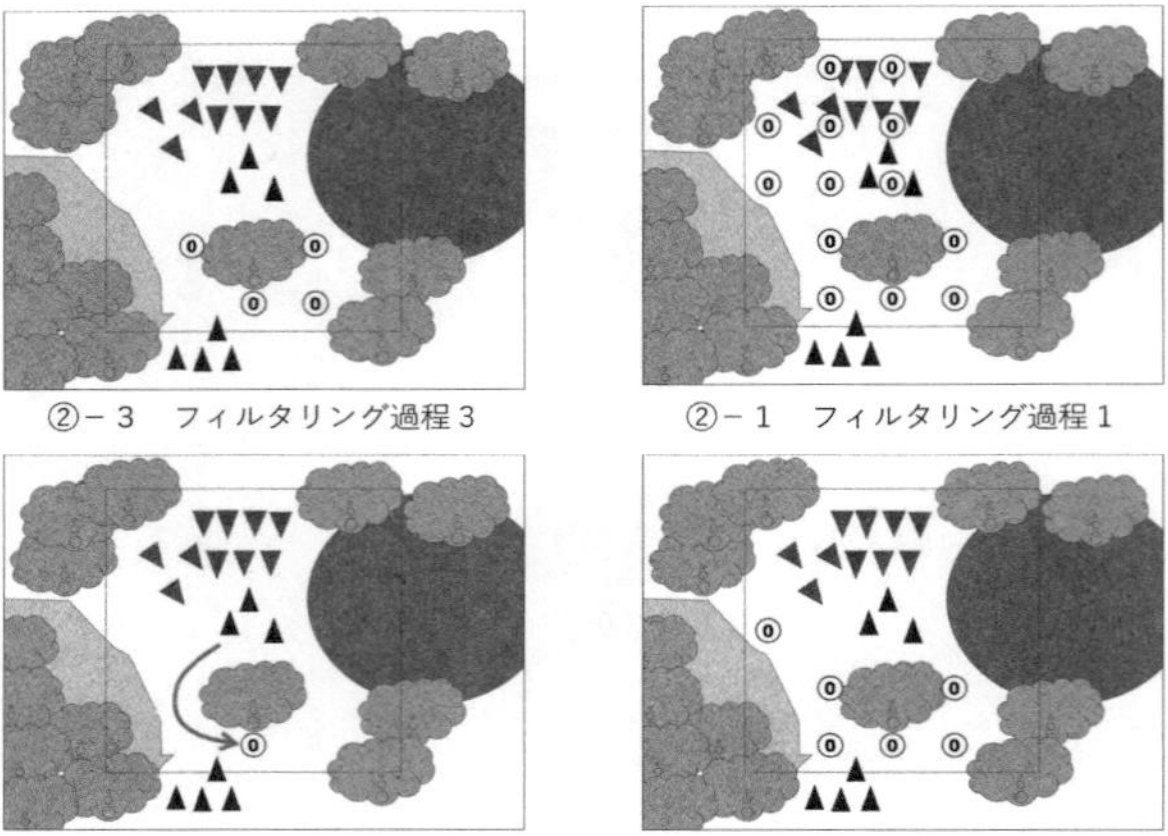

②－1　フィルタリング過程1
②－2　フィルタリング過程2
②－3　フィルタリング過程3
③　評価過程

図18　撤退ポイントの戦術位置検索による発見

いたら、その点は削除します。要するに、敵に近い場所は移動先候補にしないという意味です。

そして条件3は「背後が湖、崖になる点を削除」です。これはつまり、行き止まりの場所は避けるということです。せっかく敵から離れても、行き止まりでは追い詰められてしまいます。そういう事態を避けるために、湖や崖に隣接する点も削除します。

以上の三つのフィルタリングによって、①で設置した点から、目標にとって不適当な点を取り除きました（図18）。

さあ、以上で移動先候補となる点がだいぶ

絞れました。残るはこれらの点から最高の場所を特定することです。計算で評価しましょう。

③評価過程

「味方本隊への距離」を評価式として、最も近いポイントを候補とする。

ここではマップ下方にいる味方本隊ユニットからの距離が近いほど評価を高くします。というわけで、三つの点のうち最も本隊に近いものが選ばれました。

19　戦術位置検索の応用例2　高台を目指せ！

もう一つ別の具体例で見てみましょう。今度は、味方の弓兵団を敵近くの崖の上に動かしたいとします（図19）。弓兵なので、離れた場所から一方的に攻撃したいところ。そこで理想的な位置は、敵ユニットは自分の弓攻撃の射程範囲内にいて、かつ、敵からの攻撃を受けないだけの距離がある、そんな場所です。また、高い場所なら視野も確保しやすく言うことはありません。まとめていえば、なるべく高い場所で弓の射程範囲に敵が入る場所です。

そこで、戦術位置検索を次のように設定しましょう。今度は一つ一つ解説しないでおきま

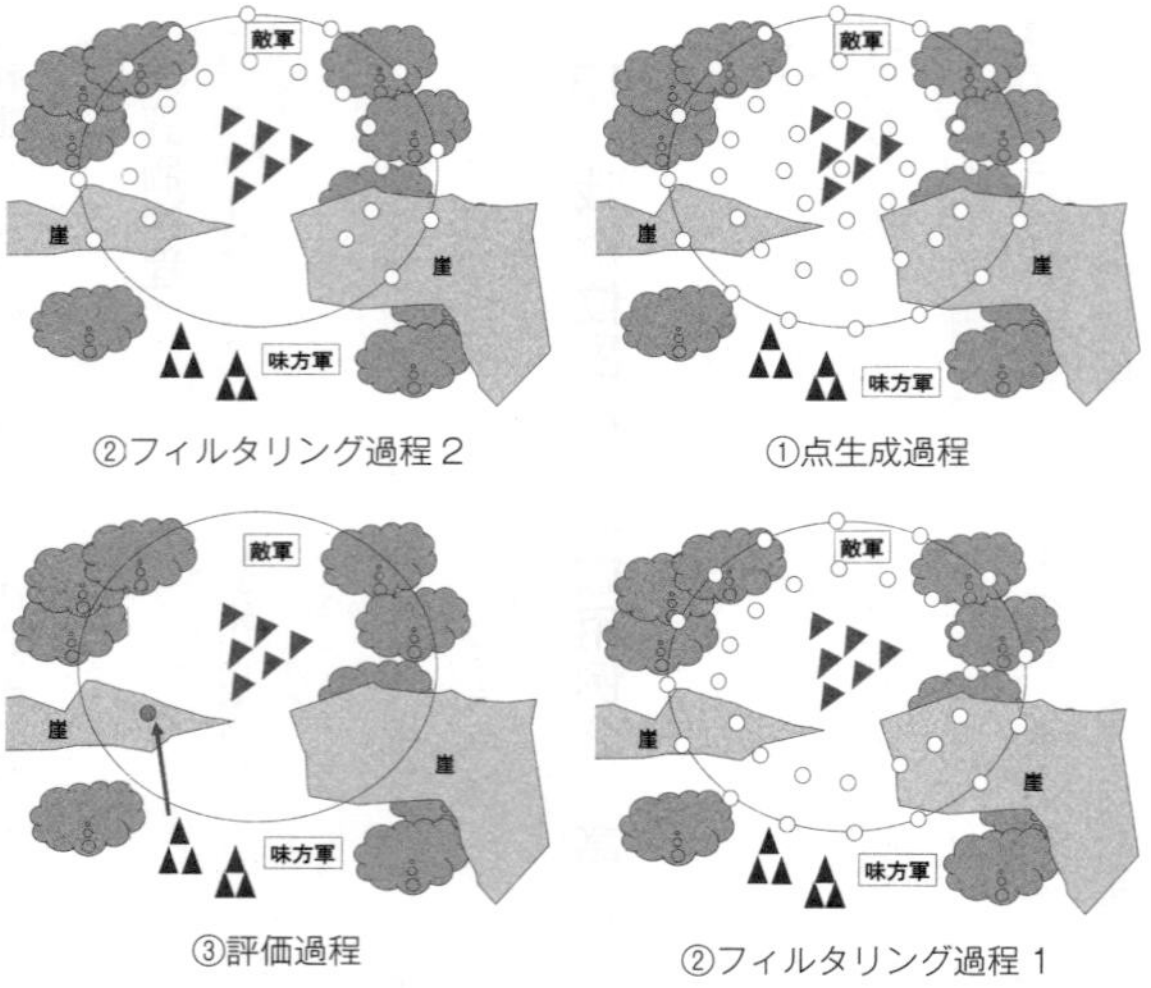

図 19　戦術位置検索で発見した点へ弓兵団を移動させるメタ AI

すので、先ほどの応用例1でやったように、ご自分で読み解いてみてください。

①点生成過程

敵の中心から半径100メートルの円内に30メートルごとに点を配置

②フィルタリング過程

条件1：敵から半径30メートル以内の点を削除

条件2：味方軍から50メートル以内の点を削除

③評価過程

「高さ」を評価式として、最も高い点を候補とする

メタAIは、ここで発見された点に向けて弓兵団が移動するように指示を出します。これは一方を有利にするというよりは、この戦局全体を緊迫させるという意図です。

20　メタAIの仕事と人間の仕事

このように戦術位置検索の技術とメタAIを組み合わせると、メタAIがより深くゲーム世界の環境や状況を理解して、ゲームの場をコントロールする知的能力を実現できるのです。どこまでがメタAIの仕事で、どこまでが人間（プランナー）の仕事なのか、ここで改めて整理しておきましょう。

まず、そのゲームで遊ぶ人にどんな体験を提供したいかという狙いは、ゲームをつくるディレクター（監督）が中心となって設定します。これは人間の仕事。

他方にゲームの仕組みがあります。本書で例としているゲームなら、三次元空間としてつくられたゲームの世界があって、そこに時間が流れています。空間には地形に応じた特徴も

備わっています。湖や川のように水がある場所、高い崖、森や草地などです。

この時間と空間の表現でつくられたゲームの世界のなかに、プレイヤーキャラクターや味方のキャラクター、あるいは敵のキャラクターやモンスターなどが存在しています。また、他にもオブジェクトやアイテムなど、さまざまなものがあります。

ゲームの空間や時間には、プランナーが設定した規則が働いています。例えば、このゲームの世界では、現実世界と同じ程度の重力が働いていて、何事もなければものは地面に向かって落下するとか、ジャンプしたらそのまま浮くのではなく着地するとか、時間が経過するに連れて天候も晴れたり曇ったり雨や雪が降ったりするとか。

また、同じようにプレイヤーキャラクター以外のキャラクターにも、制作者が設計した人工知能（プログラム）が搭載されています。第一章、第二章で見てきたように、キャラクターたちは人工知能によって、ゲーム世界のなかを動き回り、目的に向かって行動するのでした。

ポイントを整理します。人工知能のセンサー（感覚）、意思決定、行動という働き自体は、ゲームクリエイターがつくったものです。舞台となるゲーム世界も同様です。ただし、ゲーム世界のなかに置かれたキャラクターたちが、そのＡＩの仕組みによって、実際具体的にどのような行動を採るかは、ゲーム世界とＡＩの両方をつくったゲームクリエイター当人としても、予想しきれません。場合によっては、制作者が予想もしなかった出来事や行動が生じることもあります。

なぜかというと、それ自体が複雑な要素の集合体であるゲーム世界の広い空間と、それ自体が複雑な形や能力を備えた複数のキャラクターたちが組み合わさります。実際には人間がルールを設定しているとはいえ、そのルールと複雑な状況の組み合わせから、なにが生じるのかを人間は予想しきれないためです。たとえるなら、仮にあなたが「将棋」というゲームのルールを考えた人だったとしても、そのゲームで遊んだ結果、どんな盤面が生じるかをすべて把握することは到底無理であるのと似ています。ゲームや人工知能をつくる面白さはこんなところにもあります。

ですから、こういうゲームでは、作者といえども、実際にプレイヤーが遊んだとき、どんな状況が生じるかをあらかじめすべて網羅的に予想することは難しくなります。そこで、前もって固定したシナリオを用意するというよりは、ある状況が生じたとき、それに対応するような仕組みをつくるのですね。例えば本章で見てきたように、「戦況が膠着状態にある」とか「敵と味方の優劣差がつきすぎている」など、ゲーム中で生じる可能性の高い状況を想定して、そのような場合にゲームの状況をどう変えるかを、メタAIに設定しておくのです。人間とメタAIの役割分担の違いに気をつけましょう。メタAIがどう行動すべきかを設計するのは、あくまでも人間です。ゲームのコンセプト、提供したいユーザー体験を実現できるようにメタAIの行動をつくります。

その際は、個別具体的な状況に一つ一つ対応するのではなく、「もしこのような条件が揃《そろ》った場合はこうする」という抽象的なレヴェルで設計します。その様子は、先ほどの「戦術位置検索」の手法でもお分かりいただけるでしょう。抽象的な条件をつくっておけば、どんな具体的な状況でもその条件を満たす状況になった場合、メタAIは対応するわけです。

これは言語の文法（抽象的規則）と実際の用例（発言や作文など）、法律（抽象的規則）と裁判の判例（具体的な判断）、数学や科学の公式（抽象的規則）と具体的な問題解決（具体的な観測）などと似た仕組みです。

メタAIとは、映画や演劇の監督のようなものだとたとえたのを覚えておいででしょうか。ここまでの説明を踏まえて言い直すと、実際にはこんな具合です。まず、制作者やゲームクリエイター（人間）は、そのゲームの世界で生じる出来事が、プレイヤーをいっそうよく楽しませるように設計したい。ゲームの世界では、その複雑度合いに応じて多種多様な状況が生じるため、事前にあらゆる具体的な場合を考えるのは難しい。そこで、その世界で生じる可能性の高い状況を想定して、その条件を設定する。その条件が揃った場合、メタAIがゲーム世界に介入して、ゲームがいっそう面白くなるように個別のキャラクターやゲーム世界（天候、地形その他）に指示を出す。

こんな具合に見れば、メタAIとは、制作者である人間の監督助手であることがお分かりになるでしょう。この違いを混同しないように気をつけましょう。

21　ゴールデンパス（予想経路）

さて、今度はまた別の状況で考えてみます。敵の軍勢が、プレイヤーキャラクターたちの行軍を待ち伏せるというシチュエーションをつくってみましょう。これもうまくできると、そんな状況に遭遇したプレイヤーが「うわっ、待ち伏せだ！」と焦ったり、「そんなことまでしてくるのか！」と驚いたりするはずです。

では例によって考えてみます。行軍するプレイヤーたちを待ち伏せるにはどうしたらよいでしょうか。

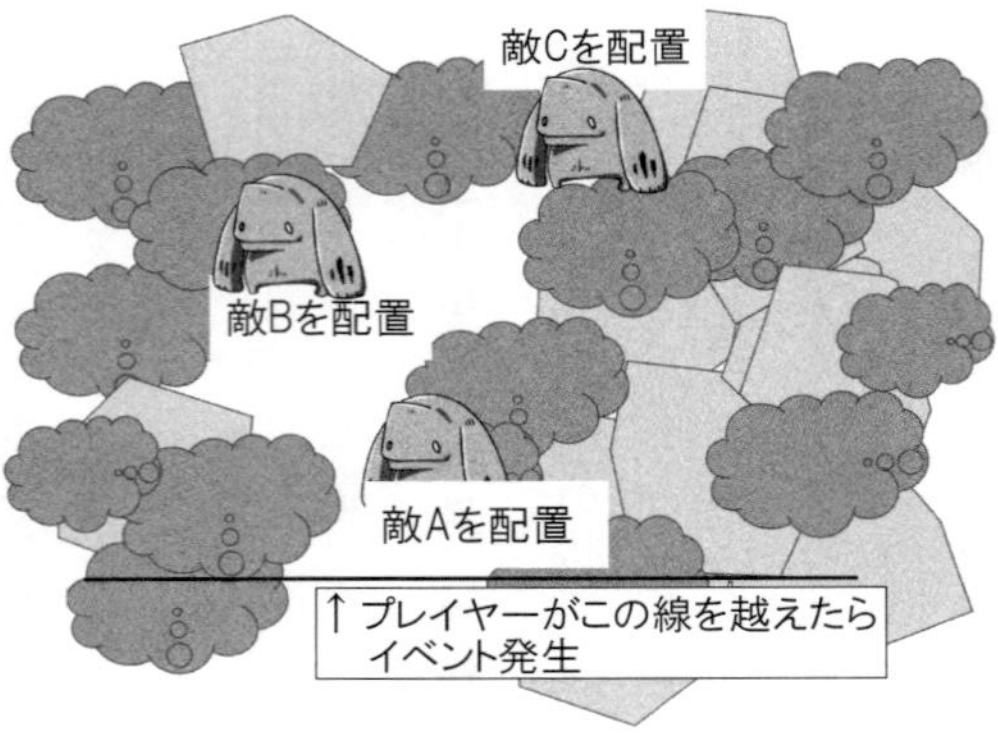

図20　昔のゲームの状況のつくり方

かつては、ゲームのマップ上の決まった位置にあらかじめ敵キャラクターを配置して待ち伏せるというつくり方をしていました。これは特に難しいところはないと思います。ともかく、位置を決めて敵キャラクターを置いておくという発想です。言い換えると、位置を固定するやり方ですね（図20）。

この手法では、事前にマップ上のあらゆる場所について、待ち伏せさせるポイントを設定して、特定の敵を配置することになります。固定配置なので、状況の変化に柔軟に対応できません。できたらもうちょっと賢く、どんな場面でも使えるような手法を採りたいところです。

本書をここまで読んできたあなたなら、すでにアイデアが思い浮かぶかもしれません。そう、メタＡＩを活用しましょう（え？　わざとらしい？）。どうすればよいでしょうか。

例えば、先ほどの戦術位置検索を使えば、どんなマップ（地形）でも、プレイヤーキャラクターの行軍ルートがどれほど変化しても、敵キャラクターは臨機応変に待ち伏せポイントを発見できますね。メタＡＩに、待ち伏せ状態を生み出すための戦術位置検索の設定を与えておけば、どんな場合でも待ち伏せ状態を生み出せそうです。戦術位置検索での実現方法については、ぜひ考えてみてください。

ここではもう一つ別のやり方を考えてみましょう。ズバリ敵の移動経路を予測してみます。プレイヤーキャラクターが、どこへ向かっているかを予測できれば、待ち伏せもできますよね、という発想です。

このゲームの世界では、キャラクターたちが行軍する場合、目的地があります。目指す先は、味方の都市かもしれませんし、野営によい場所かもしれませんし、敵の軍や味方の基地かもしれません。あるいはダンジョンであれば、出口や階段を目指したりします。

ここでは野外で行軍するプレイヤーキャラクターを敵が待ち伏せする状況で考えてみます。まず、パス検索を使ってプレイヤーキャラクターの現在位置と移動しつつある方向から、目標地点を予想します。ここでは考えやすくするために、図21のような地形だと仮定しまし

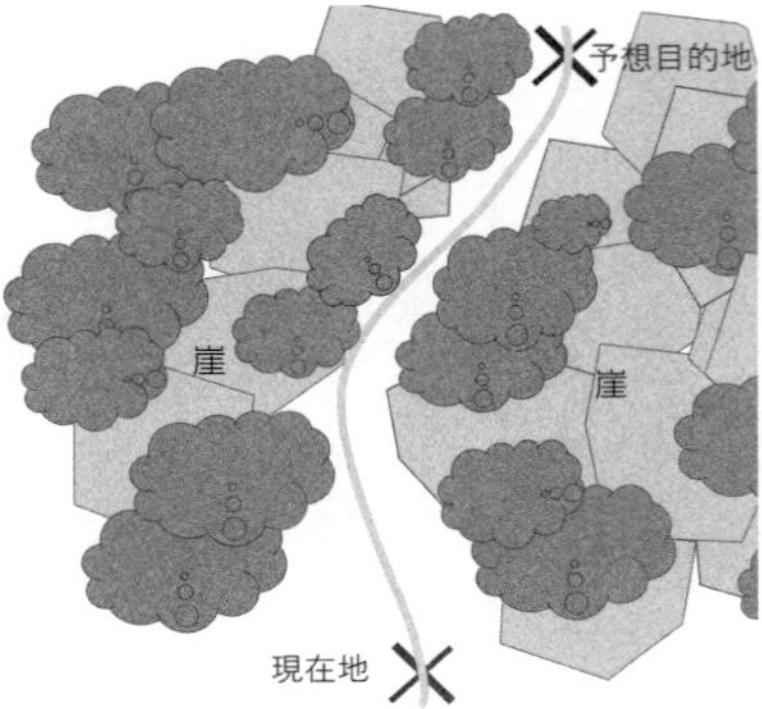

図21　敵の現在地からの予想経路（ゴールデンパス）

ょう。この場合、谷間の入り口に侵入しつつあるプレイヤーキャラクターたちは、何事もなければ谷間の出口へ向かいますね。このパス検索の結果はプレイヤーキャラクターの予想される進路で、「ゴールデンパス」と呼ばれます。黄金の道だなんて、ちょっとキラキラしてますね。

さて、敵キャラクターはどこで待ち伏せすればよいでしょうか。待ち伏せというからには、プレイヤーキャラクターが通りそうな場所のそばがよいですね。つまり、予想される経路、ゴールデンパスの付近がなによりです。そこで、ゴールデンパスを頼りにして、戦術位置検索を展開します。手順は次のとおり（図22）。

①点生成過程

ゴールデンパスに沿って、幅１００メートル、25メートルおきに点を配置する

②フィルタリング過程

条件1：プレイヤーキャラクターの現在位置から100メートル以内の点は削除する
条件2：ゴールデンパスから見えている点を削除する

③評価過程

残った点から最も高い場所にある点を選ぶ

まずゴールデンパスの周辺に点を置きます。これは例によって、ありうる候補を設定した状態ですね。この中からどこかを選ぶという準備です。

フィルタリング過程で設定した二つの条件は、プレイヤーキャラクターからそれなりに遠く、かつ、彼らの通り道から丸見えになってしまう点を削除するという狙いです。つまり、プレイヤーキャラクターから見つかりにくい場所を選びたいので、見えやすい点は削除するわけです。

そして残った点の中から最も高台にある点を選択します。ここに待ち伏せ部隊を置けば、

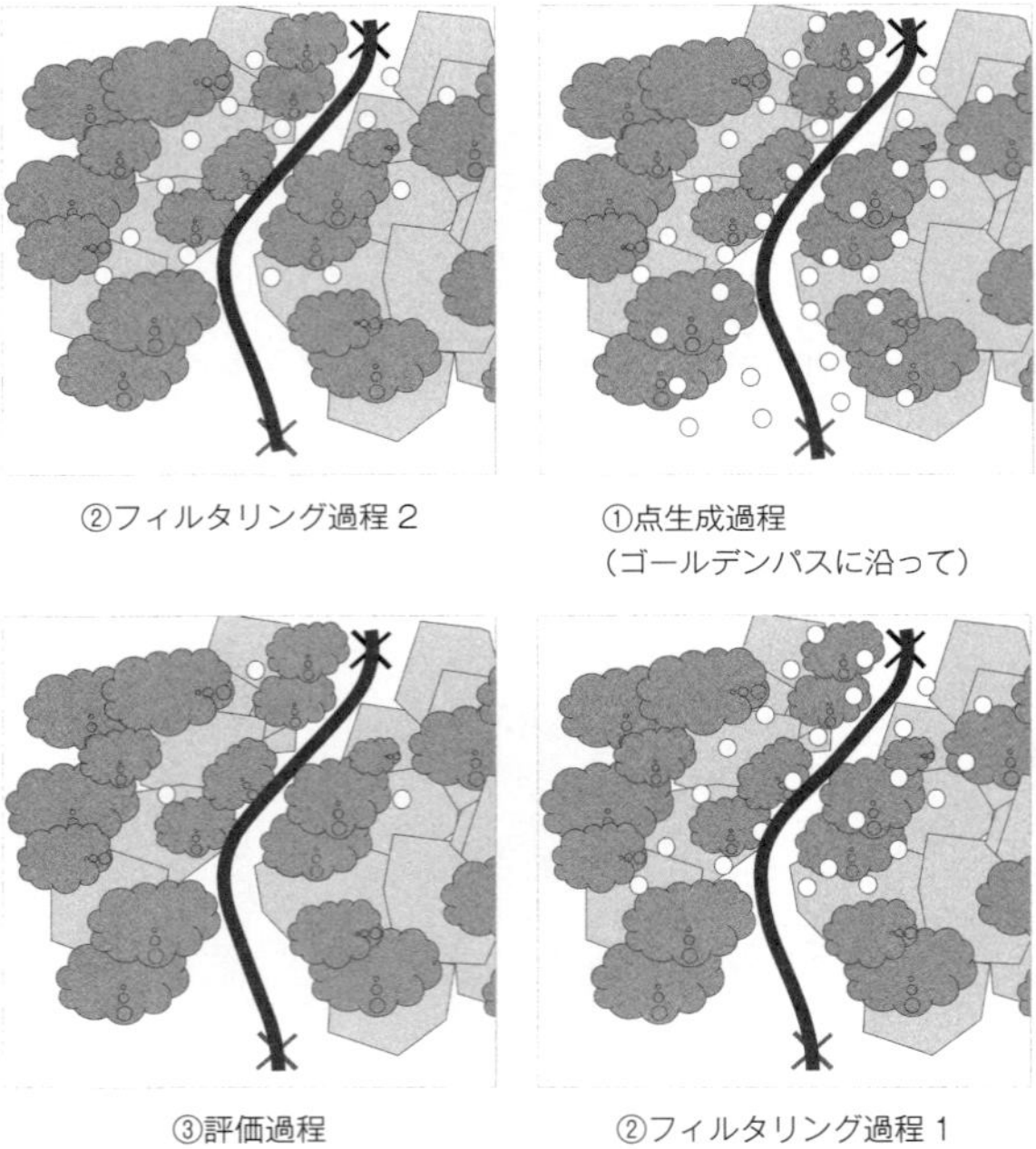

図 22　待ち伏せポイントを戦術位置検索で発見し、待ち伏せ部隊を配置するメタ AI

プレイヤーから気づかれずに高台から急襲させられます。また最後の評価過程で、評価値の高い点をいくつか残しておけば、複数の待ち伏せポイントを置いておくこともできます。

　こんなふうにキャラクターの移動経路の予想と戦術位置検索を組み合わせることで、待ち伏せの状況を生み出せるわけです。もちろん味方キャラクターが敵に対して待ち伏せる場合にも使えますし、いまとは違う地形でも同様に試みることができます。ただし、フィルタリング過程で設定した二つの条件によって、点生成過程で配置した点がすべて削除されてしまうこともあるでしょう。この場合、待ち伏せにふさわしい場所がないということになります。つまり待ち伏せるという選択肢自体が無効になります。

さて、以上はメタＡＩによってゲーム世界の空間を活用する話でした。メタＡＩは、ゲームの空間はどのような場であり、どんな状況かを把握します。そして、ゲームのコンセプト（提供したいＵＸ）を実現するために、ゲームの各種構成要素を活用して、ゲームの空間を変化させるのでした。例えば、敵キャラクターの人工知能に対して、どこへ移動すべきかを指示するというように。

ここでは二つの軍勢が戦う状況を例に考えました。状況によっていくつかの手法を使い分ける様子も確認しましたね。もちろんゲームの種類や目的に応じて、他にもさまざまな手法があります。

このメタＡＩという技術は、ゲームＡＩのなかでも総合的な技術の結晶と言えます。というのも、ご覧になったように、各種ＡＩも含むゲームの要素を使いこなしながら、舞台監督のようにプレイヤーを楽しませるための働きをするからです。

では次に、ゲームの時間を活用する場合について見てみましょう。

22 ゲームの時間を操る

ここまでのところ、空間を操作するメタＡＩの働きについて見てきました。その本質は、ゲームの空間の状況を認識して、ゲーム全体（敵味方のキャラクター、地形など）に指示を出すところにあります。

しかしそれだけでは十分ではありません。先ほど確認したように、ゲームの世界には空間だけがあるわけではなくて、そこに時間が流れています。時間が流れるということは、つまりゲームの世界がどんどん変化してゆくということですね。先ほどの戦術位置検索でも、時間の要素がなかったわけではありません。ここでは時間によるゲームの変化に注目しながら、メタＡＩの活躍ぶりを見てみましょう。

さて、メタＡＩは、時々刻々と変化してゆくゲームの状況にも対応する必要があります。

コラム６「人工知能をもっと学ぶために」

ここでは人工知能についてもっと知りたい人のために何冊かの本をご紹介しましょう。

★三宅陽一郎『人工知能のための哲学塾』（BNN新社）

本当に人工知能と言えるものをつくるにはどうすればいいのか。そんな問いに取り憑かれた著者が、西洋哲学にヒントを求めて考え抜く講義の記録です。

★ジャン＝ガブリエル・ガナシア『そろそろ、人工知能の真実を話そう』（伊藤直子監訳、小林重裕訳、早川書房）

あと何年かで人工知能が人間の知能を遥かにうわまわる時がくると語られたりしています。そういう話をどう受け止めたらよいか、本書で検討しておきましょう。

★川添愛『働きたくないイタチと言葉がわかるロボット』（朝日出版社）

働きたくないイタチが言葉のわかるロボットをつくって楽をしようと奮闘します。でも実は言葉は人工知能の苦手分野。物語を楽しみながらその秘密が分かります。

★斎藤康毅『ゼロから創るDeep Learning』（オライリー・ジャパン）

人工知能の手法の一つである深層学習（ディープラーニング）について、自分でプログラムしながら理解できる楽しい本です。

★井上智洋『人工知能と経済の未来』（文春新書）

将来人工知能が発達すると、人間の仕事の一部がなくなるとも言われています。本当のところはどうなのか、経済の面からも考えてみましょう。

特にここで例にしているリアルタイムのゲームでは、基本的にプレイヤーも次々といろいろな行動をとりますから、そうでなくても状況は変化します。

先にサッカーの試合を例にして、メタAIがいかに空間を把握することに長《た》けているかを説明してみました。そこでもお話ししたように、ゲームの時間的変化についてもメタAIは優れた能力を発揮できます。というのも、ゲームを構成する要素がどれだけたくさんあったとしても、メタAIはそうした要素が時間的にどのように変化するかを記録したデータさえあれば、把握できるからです。

話をもうちょっとクリアにするため、図をお見せします。現実でもそうですが、ゲームの世界にも時間が流れています。時計の針や数字が変化してゆくように時間が経ちます。このとき、もしメタAIが、ある瞬間のゲームの状況についてしか認識できないとしたらどうでしょう。もう少しいえば、その瞬間より前のことや、その瞬間より先のことをメタAIが一切認識できないとしたらどうでしょうか。言い換えれば、それはメタAIが、人間でいえば記憶を持っていない状態です。

例えば、これもサッカーで考えてみましょうか。もしメタAIが記憶を持っていない場合、こういう場面でもシュートのチャンスだと判断するかもしれません（図23）。なぜなら、ま

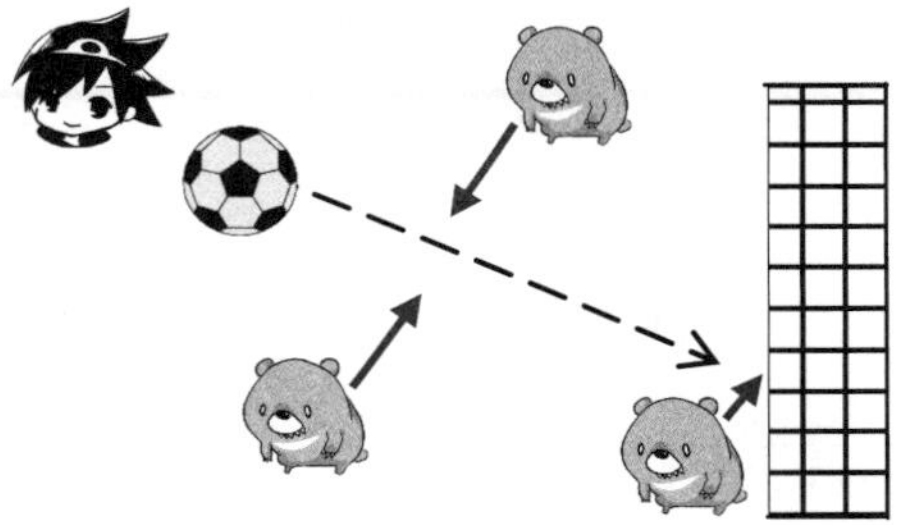

図23　シュートチャンス？

さにこの瞬間のゲームの空間しか認識していないからです。しかし、実際にはお分かりのように、相手選手やキーパーがシュートを阻止するでしょう。というのも選手Aは、まさにシュートの軌道に向かって走り込んでいるところですし、キーパーもこの軌道のシュートに対して守る範囲が限られているからです。要するに、直前までの各選手の動きの記憶や、この後の各選手の動きの予想ができなかったら、まともにシュートを打つのは難しくなります。

そこで実際には、メタＡＩにも記憶を与えます。つまり、ゲーム中の時間の流れとともに生じる変化を観測するようにします。そうした時間の幅のなかでメタＡＩが活動するように設計するわけです。こうした時間の幅のことを「ウ

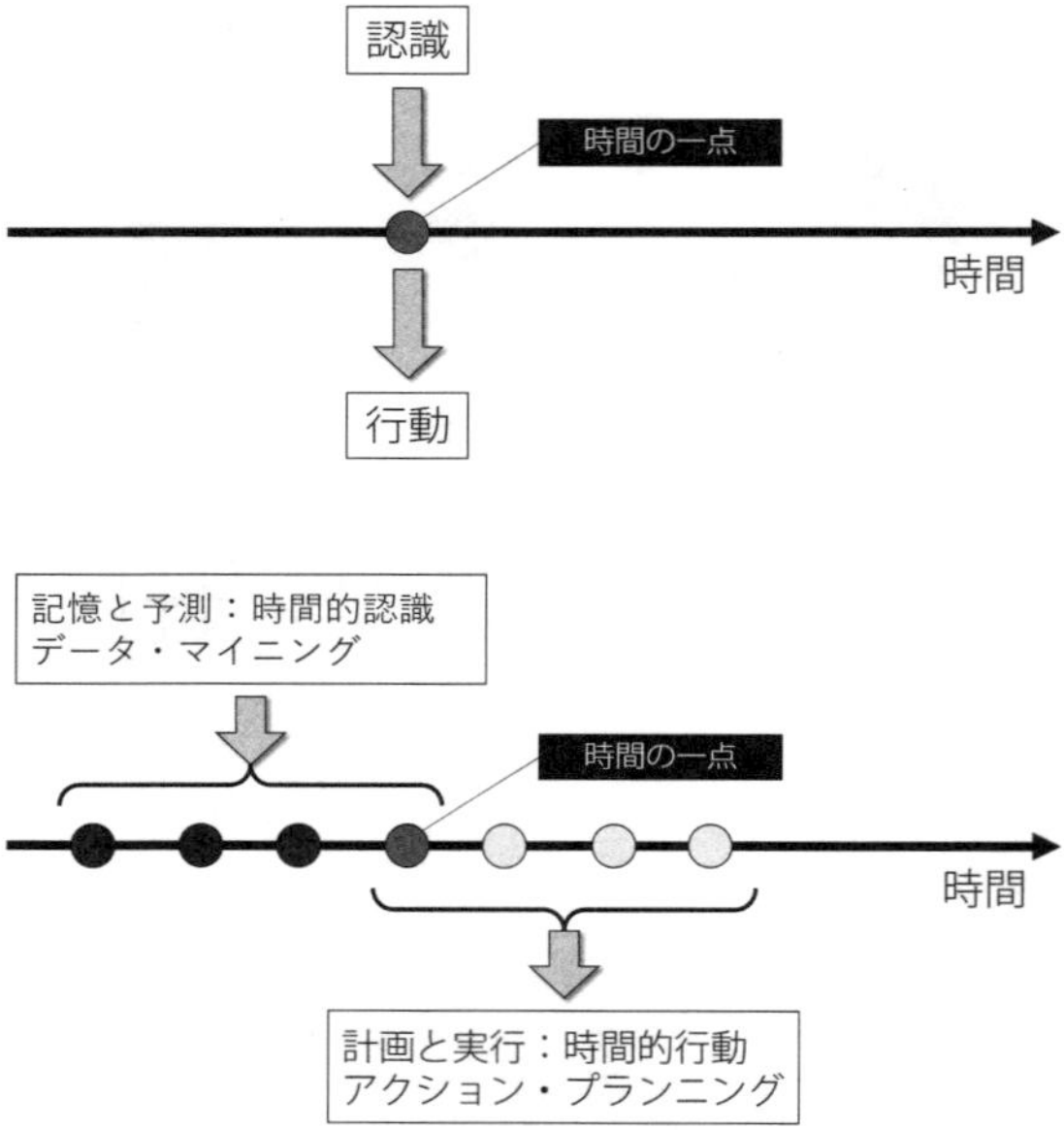

図24　時間的な一点だけで行動する反射的な人工知能（上図）／メタAIが時間幅の中で活動するイメージ（下図）

ィンドウ」や「スコープタイム」と呼びます。図24は、いま述べたことを図にしたものです。

　言い換えれば、過去の変化を材料にするからこそ、未来の変化を予想できるわけです。記憶を持たず、瞬間瞬間だけで判断する場合、過去に生じた変化や経験は、未来に活《い》かされません。人間でもそうですね。もし人間が過去の記憶を持たない生きものだったらどうなるでしょうか。森でキノコを見つけて食べたら毒キノコで、しばらくしびれて動けなくなったとします。記憶がある人なら、その出来事を覚えていますから、見た目の同じキノコには次から気をつけるようになりますね。「あのキノコは食べたら危ない」と分かるのは、過去に得た経験や知識によって、つまり記憶を頼りに判断するからです。ところが記憶のない人の場合、何度でも同じ毒キノコを食べてしびれてしまうことでしょう。以前の失敗の記憶がないからです。記憶がとても重要な鍵を握っているわけです。

いま「記憶」という言葉を使っていますが、少し気をつける必要があります。人間の記憶とＡＩ（コンピュータ）の記憶は性質が違います。コンピュータの記憶は、実際には「記録」といったほうが実情に合っています。各種装置に記録できる限りいくらでもデータを保存して、それを検索したり、使ったりできます。つまり、一度記録したことは、削除されたり失われたりしない限りは、いつでもそのまま取り出せるのがコンピュータの記憶です。人間の場合はそうはいきません。過去の記憶もその後の経験などによって変化してゆくことが知られていますし、ときに物忘れをしたり、顔は思い浮かぶのに名前を思い出せないなんてこともしょっちゅうです。ここはコンピュータと随分違いますよね。

ただ、慣習としてコンピュータがデータを保存する仕組みを「記憶（memory）」と呼んできたという経緯もあるので、ここでも「記憶」と呼んでいます。もっとも、それを言うなら、本書のテーマである「知能」だって、人間とコンピュータとでは随分違うわけですけれど！言葉は同じでも内実は必ずしも同じではない、ということに注意したいと思います。言うなれば、コンピュータや人工知能に「記憶」や「知能」という言葉を使うのは、人間にたとえた一種の擬人法表現です。

さて、話を戻しましょう。メタAIが、ゲームの時間的な状況を操作する仕組みを考えてみます。空間の場合と同じで、操作するためには、その前に認識する必要があります。時間の認識というと、抽象的で難しい印象があるかもしれませんが、例えば第一章でやったことを思い出してみましょう。

先ほど敵キャラクターの移動を予測する人工知能をつくりました。そこでは、敵キャラクターの位置座標を時間ごとに記憶しました。いま、時間をゼロからカウントするとして、一秒後の位置、二秒後の位置、三秒後の位置……という具合に、一定時間が経つごとの位置を記憶するわけです。こうすると、完全ではないにしても、過去の位置の延長上で未来の位置を予測できます。念のためにいえば、過去の記憶がなかったら、敵キャラクターが次にどちらへ移動しそうかは絞りにくくなりますね。

メタAIの場合、ゲームの大局的な状況変化を認識したいのでした。そのためには、メタAIの時間の認識を工夫する必要があります。

リアルタイムに時間が流れるコンピュータゲームでは、しばしば時間の最小単位を1／30秒か1／60秒に設定します。これを「1フレーム」と呼びます（それぞれ秒間30フレーム、60フレームとなります）。ですから、特に他に意図がなければ、リアルタイムに進むゲームでは、キャラクターはこのフレーム単位で、ゲーム世界の環境から感覚（センサー）を通じて情報を得ています。

時間を追ってフレームからフレームへと次々と得られる情報は、放っておけば流れ去ってしまいます。これを記憶しておくためには、情報にタイムスタンプ（時刻の記録）を押しておく必要があります。情報に時刻のデータをくっつけておけば、後から見直すときに、それがいつのことなのか、区別できますよね。

例えば、理科の観察日記をつけたことはあるでしょうか。夏休みに朝顔を育てて、毎日今日はどうだったか、絵に描いたり言葉で記録したりします。このとき日付を書いておかないと、いつのことか分からなくなっちゃいますよね。あるいは、コップの水に砂糖を溶かす様子をスケッチするとか。この場合もどうなっていったかという順序を記録しないと後で分からなくなってしまいます。

メタＡＩも、これと同じようにゲーム中で生じた出来事や、得た情報に時刻のデータをくっつけて記録するのです（図25）。

ゲーム中の出来事	時間
敵キャラクター１移動開始	05:30
天候：晴れから豪雨に変化	05:31
敵キャラクター３索敵成功	05:32
敵キャラクター１進路変更	05:35
敵キャラクター３攻撃	05:40
プレイヤーキャラクター体力-300	05:41
味方キャラクター13移動開始	05:43
味方キャラクター5アイテムC使用	05:43

図25　タイムスタンプ

具体例で考えてみます。待ち伏せの例で考えてみましょうか。図26のようにマップ上に敵の分隊がいます。その敵ユニットが味方の基地に迫っています。ただし、味方の基地は三つあり、どこに近づいているかを判定したいとしましょう。

この場合、敵ユニットの位置がどのように推移しているかを見れば、どこへ向かおうとしているのか、予測しやすくなります。そこで敵ユニットについて、一定時間ごとに居場所（座標）をチェックして、そこにタイムスタンプをつけておきます。図では時刻Ｔが０のとき、５のとき、９のときについて記

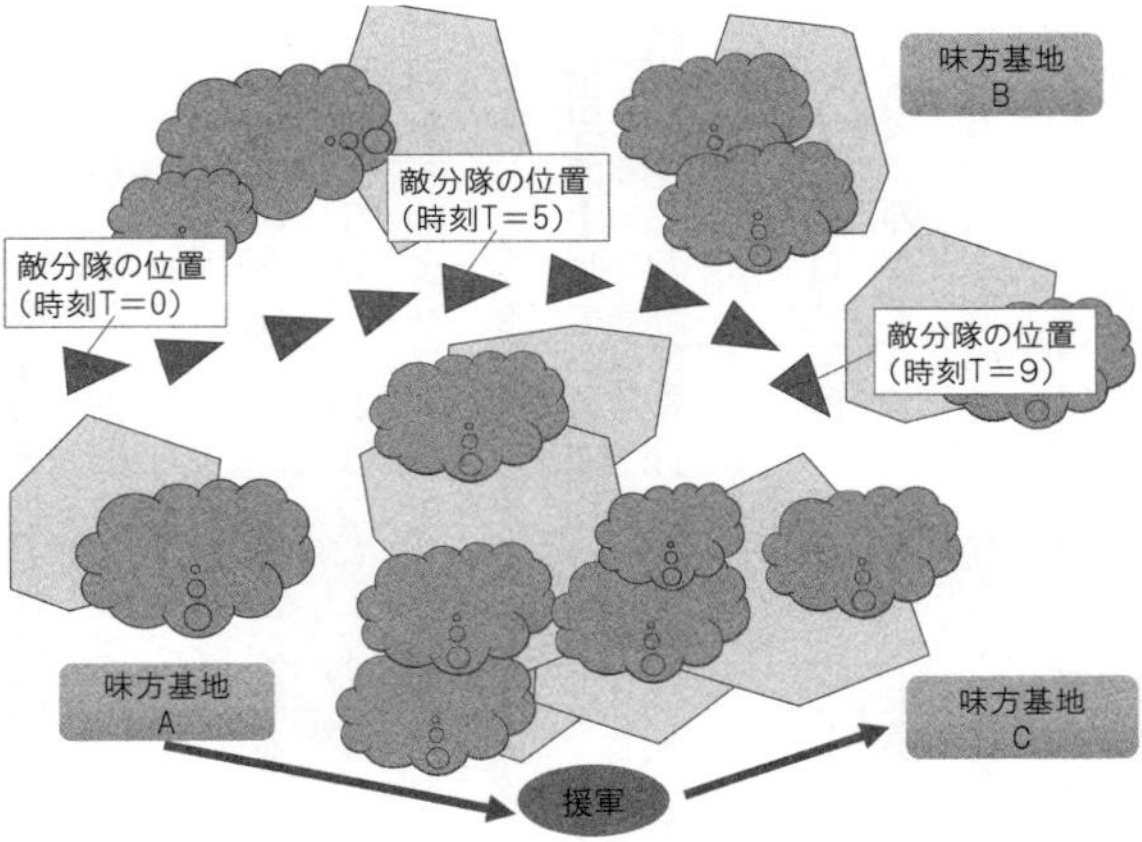

図26　味方基地の３つのいずれかに進軍する敵分隊のメタAIによる予測

してみました。

こんなふうに敵ユニットの位置を時系列で見比べれば、どの基地を目指しているかを推定できます。この場合なら、敵ユニットは時間が経つとともに味方基地Cの座標に近づいていることが分かります。そう分かったら、味方部隊を基地Cへと動かして援護できますね。

このようにメタＡＩは、ゲーム世界で生じる変化について時間の記録（ログ）を取ることで、大局が時間とともにどう変化しているかを認識できます。いまの例では一つの敵ユニットについて考えましたが、ユニットがいくつあってもやることは同じです。一〇〇部隊なら一〇〇部隊のそれぞれの位置にタイムスタンプをつけてあげれば、いつどこにどのユニットがいるかを把握できますし、そこから敵ユニットがどこに集まろうとしているか、どのように分散しようとしているか、といった動きを予想できるわけです。先ほど述べたように、過去の変化について記憶があるからこそ、未来を予測できるのがポイントです。

メタAIは、このようにしてゲーム世界で生じる時間的な変化を認識した上で、ゲームの大局をどのように操るか、その方向を判断し、必要に応じて各キャラクターや環境やオブジェクトに命令を出します。これがメタAIにとっての時間的認識です。要約すれば、ゲームの世界で生じている変化について、タイムスタンプ（時刻の記録）をセットにすることで、物事が生じた順序を保存（記憶）し、それに基づいて未来の変化を予測するわけです。

いまの例は比較的単純な状況でした。関係する要素も少なく、見て取りやすい状況でしたが、実際のゲームではさらに大規模で、関係する要素の数も厖大《ぼうだい》になったりします。例えば、ゲーム中に千個の要素が登場する場合、それぞれの要素について一秒ごとにタイムスタンプをつけて状態（データ）を記録するとしたら、一秒当たり千個のデータが生まれます。これが一分になれば、その六〇倍ですから、六万個のデータになります。十分では六〇万個、百分では実に六〇〇万個のデータです。

お分かりのように、こうしたデータはゲームに登場する要素が多くなるにつれて厖大な量になります。コンピュータは、データがどれほど多くなっても、装置が対応していさえすれば記録して保存することができます。ただし、保存するデータが厖大になるにつれて、どこになにがあるかが分からなくなってゆきます。現在では、そうした蓄積された厖大なデータの塊から、必要に応じて意味のあるデータを抽出することを「データマイニング」と呼びます。データをマイニング、採掘するというわけです。本書では説明しませんが、データマイニングについては各種の技法が開発されています。教科書もたくさん出ているので興味が湧いたら読んでみてください。データマイニングの技術は、ゲームに限らず各種の人工知能でも活躍しますし、インターネットのさまざまなサーヴィスでも活用されています。例えば、人びとが検索エンジンで何を検索したか、ウェブサイトのどこをクリックしたか、といったこともすべてデータとして蓄積できるからです。またこのような仕事を専門的にする人を「データアナリスト」「データサイエンティスト」と呼びます。ＩＴ企業やソーシャルゲームを運用している会社で活躍しています。

さて、メタＡＩに話を戻しましょう。ここまでお話ししてきたように、メタＡＩは、ゲームの世界全体をチェックして、必要に応じてゲーム世界に存在するさまざまなものに働きかけ、調整するＡＩでした。メタＡＩは、キャラクターのようにゲーム世界のなかで表現されたり、行動するための身体を持っていないのが特徴です。個々のキャラクターＡＩは、自分がいる場所、自分の身体の周囲の局所について、短時間の意思決定を行います。見える場所に敵がいるかを探して、いれば戦うといったように。メタＡＩはこれとは違って、ゲームの空間全体の大局を、長い時間にわたって支配する、そんな知能です。たとえるなら、このゲーム世界がプレイヤーにとっていっそう楽しくなるように調整する神様のような存在です。ただし何度か述べたように、実際にはゲームの制作者たちこそが、この世界を創造する神様のようなもので、メタＡＩはそんな神様たちの狙いを実現するために働く半神といったらよいかもしれません。あるいはメタＡＩとは、ゲーム制作者の知能を埋め込んだ人工知能とも言えるでしょう。

以上でメタＡＩの時間的な認識の話を終わりましょう。もちろん空間の場合と同様に、いま述べた例の他にも、ゲームの内容に応じてさまざまな時間的変化をメタＡＩに認識させることができます。例えば、キャラクター同士が会話や物々交換をしながらやりとりするようなタイプのゲームなら、それぞれのキャラクターの関係が時間とともにどう変化するか、なんてこともメタＡＩに認識させることができます。これについては、自分がつくってみたいゲームに応じてぜひ考えてみましょう。

次にもう一つ、メタＡＩの時間的な行動に目を向けてみます。つまり個々のキャラクターＡＩのように、そのつど剣を振る、走る、など単発的な行動と違って、メタＡＩはゲーム中の長い時間にわたって継続的に行う行動、つまりプラン（計画）を扱えます。プランをつくる人工知能の技術を「プランニング」と言いますが、これについて検討してみることにしましょう。プランニングを理解すると、さらに面白いメタＡＩをつくれるようになりますよ。

23 プレイヤーをもっとわくわくさせよう1――タイミングを操る

さて、ここまで例にしてきた合戦のゲームでさらに考えてみましょう。プレイヤーは軍勢を率いて敵の基地へ進軍しているところだとします。このとき、広大な平野をただ歩いているだけでは退屈でしかたがありません。かといって、ときどき適当に敵と遭遇して戦うようにしても、最初のうちは面白いかもしれませんが、単調な戦いの連続でやがて飽きてしまいます。人間は飽きっぽい生きものなのです。

では、どうしたらそんな飽きっぽいプレイヤーを楽しませられるでしょうか。いくつかのやり方が考えられます。例えばこんな具合です。

①プレイヤーを楽しませるために適切なタイミングで戦闘を起こす
②それぞれの戦闘をその場の地形に応じたユニークなものする

こうした状況を実現するために、舞台監督のメタAIによって、プレイヤーの進軍をいっそうわくわくするものにしましょう。

まず①について考えてみます。理屈で考えれば、プレイヤーの心理状態が分かれば、それに応じてよいタイミングで戦闘を起こして、いっそう楽しませることができるはずです。もちろん実際にプレイヤーがどんな気持ちで遊んでいるかを特定するのは容易でないのも確かです。でも、「こうではないか」と推定はできます。

人の心を直に知ることはできませんが、間接的な測定の手段はあります。例えば、プレイヤーの頭や身体に電極をつけて、脳波や身体の反応を測定できます。その測定結果から、プレイヤーが興奮しているかそうでないかといった程度のことなら分かります。

その一例として「Left 4 Dead」（Valve Software, 2008）というゲームの事例を解説しましょう。「AI Director」と呼ばれる手法があります。

「Left 4 Dead」はジャンルとしてはＦＰＳです。ウィルスの感染によって凶暴化したゾンビのような感染者たちから逃れて脱出するために戦うゲームです。一人でも遊べますし、マルチプレイで協力しても遊べます。

このゲームを開発したValve社は「Left 4 Dead」の開発で生理学者を雇いました。生理学とは、人体の生理やその反応について研究する領域です。かれらの協力を得てゲーム中のプレイヤーの生理的な反応を測定するためのデバイスを開発したのです。

その際、測定したのは「脳波」（EEG）、「スキンコンダクタンス」（手の発汗量）、「アイトラッキング」（視線追跡）、「脈拍」、「顔認識」などです。これらはいずれもプレイヤーの身体から発せられる変化を測定して分かるものです。例えば、アイトラッキングとは、プレイヤーが画面のどこを見ているか、視線の動きとその痕跡を測定する仕組みです。

ゲームをプレイしている人について、こうしたデータを測定してみたところ、モンスター

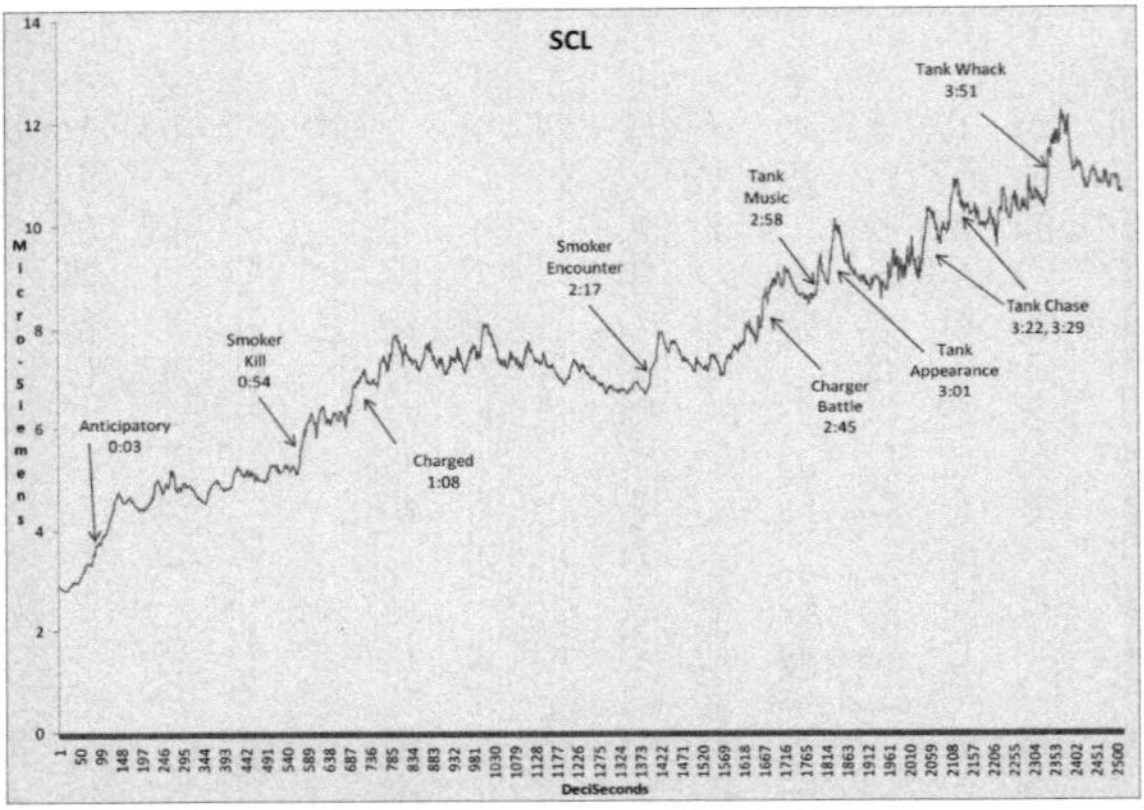

図27　イベントに同期してユーザーの興奮度（手の発汗量）を表示するグラフ
（Mike Ambinder. March 2011. "Biofeedback in Gameplay: How Valve Measures Physiology to Enhance Gaming Experience." Game Developers Conference 2011、http://www.valvesoftware.com/company/publications.html）より

と戦うイベント（出来事）が発生するごとに、各種の計測データの数値が跳ね上がるのが観察されたのです。

グラフ（図27）には、ゲーム中のさまざまなイベントが起きたタイミングも示されています。イベントが起きるたびに、グラフの波がぐっと高まっている様子を見てとれますね。こんなふうにゲーム中でなにかイベントが生じると、遊んでいるプレイヤーの身体にも変化が起きることが分かります。この例では手の発汗量、まさに手に汗を握った量です。

ただ、これはゲーム開発中のことです。テストプレイヤーに計測装置をとりつけているから測定できるわけですね。普段私たちが遊ぶ際には、そうした計測装置はついていません。ゲーム機にせよ、スマートフォンにせよ、手の発汗量を測定するような生体デバイスは備わっていません。そこで、生体デバイスがない状態では、ゲーム内の情報をもとにしてプレイヤーの「緊張度」などを推定することになります。手がかりがないわけではありません。

例えば、次のような条件を設定して、プレイヤーの緊張度を計算します。

・敵を撃破したとき、敵への距離に反比例した値をプラスする
・戦闘できない状況になったら値をプラスする
・ダメージを受けたら、ダメージに比例した値をプラスする
・物理的に押される／引かれるというイベントが起こったらプラスする

これは「Left 4 Dead」で、どんな場合にプレイヤーが緊張するはずか、という想定に基づいた条件です。いわば仮説ですが、このように計算された緊張度を頼りにして、メタＡＩはゲームの状況をコントロールするのです。例えば、緊張度に応じて敵キャラクターを出現

させたりします。

「Left 4 Dead」をつくったチームは、「ゲームの面白さとはユーザーの緊張と緩和の繰り返しである」という発想を基礎としています。緊張しっぱなしでもプレイヤーはくたびれてしまいますし、まるで緊張することがなければだれて退屈してしまいます。緊張したり緩んだり、緊張したり緩んだり、という繰り返しや波のような変化があってこそ、プレイヤーはゲームを楽しめるという考え方ですね。

もうちょっと具体的に言うと、ユーザーの緊張度を次のような四つのプロセスを通じてコントロールします。

構築状態　プレイヤーの緊張度が目標値を超えるまで敵を出現させ続ける
平衡状態　緊張度のピークを三〜五秒維持するために敵の数を維持する
下降状態　敵の数を最小限へ減少していく
緩和状態　プレイヤーが安全な領域へ行くまで、三〇〜四五秒間、敵を最小限に維持する

この四つの状態を繰り返すことで、プレイヤーの緊張度を増減させます（図28）。言うな

れば、このように時間的な変遷を通してプレイヤーの心理を操作するのです。緊張度がしきい値（目標値）を超えたら敵を出すのをやめます。逆に緊張度が低い時間が続いたら、敵をどんどんぶつけます。このようにして、プレイヤーの緊張度をアップダウンさせるのですね。

もちろん、この「緊張度」という数値は、プレイヤーの心理をそのまま表したものではありません。とはいえ、プレイヤーの緊張具合をこのように推定して反映するだけでも実際に効果があります。ゲーム開発では、制作中のゲームをテストプレイして、狙った効果がどのくらい得られるかを検証もしますので、こうした緊張度の仮説についてもプレイヤーの様子を確認しながら調整できます（図29）。

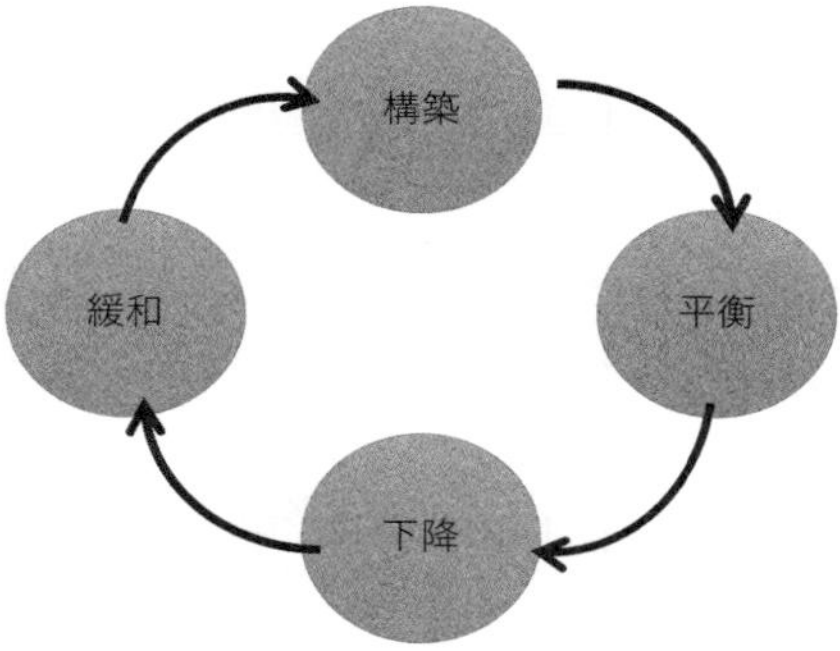

図28　緊張のコントロール

メタAIは、このようにプレイヤーの状況についてプロファイル（記録）を取ることで、プレイヤーの内面の状態を推定します。たとえるなら、お店の店員さんがやってきたお客さんの心を推察するようなものですね。ヴ

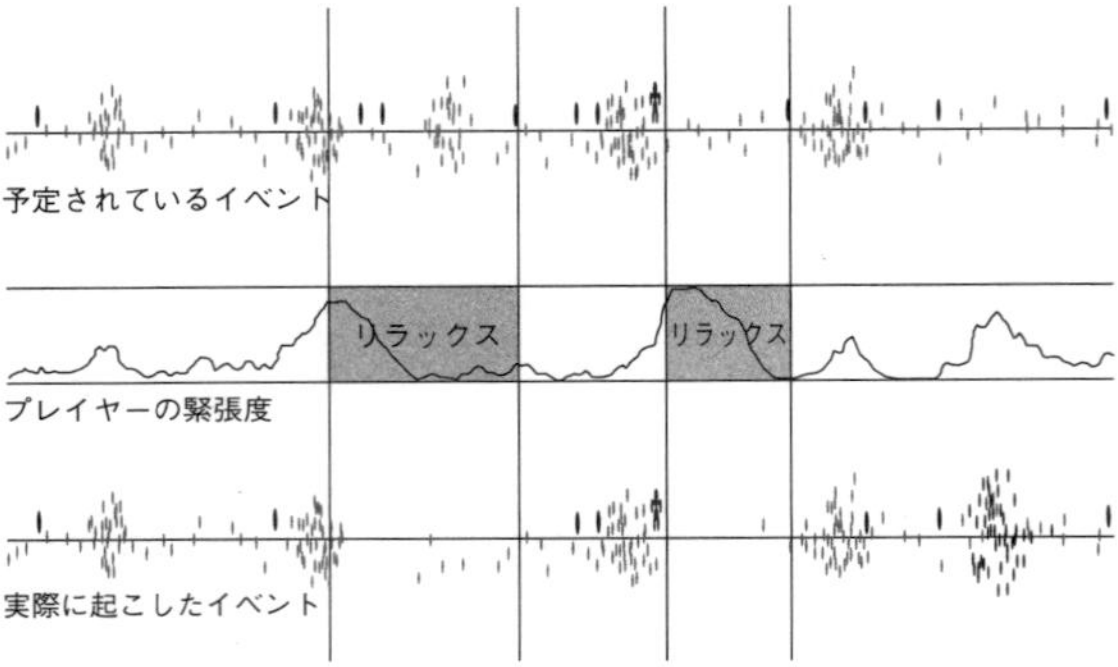

図29　メタAIがユーザーの緊張度をコントールする
Michael Booth. 2009. "The AI Systems of Left 4 Dead." Artificial Intelligence and Interactive Digital Entert AInment Conference (Stanford University).
http://www.valvesoftware.com/company/publications.html

ェテランの店員さんなら、ショップにやってきたお客さんの様子をよく観察するでしょう。服を眺めたり手にとる様子から、お客さんがなにをしたいのか、気まぐれに服を見て楽しんでいるのか、特定のものを探そうとしているのか、といった様子を推察します。そして、よいタイミングで声をかけたり、声をかけなかったりと、行動を選ぶわけです。メタＡＩも、ゲームで遊んでいるプレイヤーの様子を、ゲーム中での行動の記録から推定します。

私たちのゲームでも、「Left 4 Dead」と同じ発想を使って、プレイヤーをもっとわくわくさせましょう。つまり、プレイヤーに緊張と緩和の波を味わわせるように、メタＡＩをつくってみます。「Left 4 Dead」のやり方にならって、緊張度を次のように計算します。

・敵を撃破した数の比例した値
・戦闘ができない状況になった時間に比例した値
・ダメージに比例した値
・周囲でやられた味方の数に比例した値

ゲームを通じて、この緊張度の値を増減させるように敵の出現するタイミングを決めるわけです。

タイミングはそれで決まるとして、残る問題は、どこに出現させるかです。これについては、先ほどの待ち伏せの発想が使えますね。

24 プレイヤーをもっとわくわくさせよう2――地形を使う

さて、次にもう一つ課題がありました。地形のユニークさを使ってプレイヤーをわくわくさせようという課題でした。

プレイヤーキャラクターがマップ上を移動していく際、先ほど考えたような手法で緊張と緩和が生じるようにタイミングをはかって戦闘が起こるとします。その際、戦闘が生じる場所は、平野かもしれませんし、崖かもしれませんし、はたまた湖かもしれません。マップ上にはいろいろな地形があって、そのどこで戦闘が生じてもおかしくありません。

そこで、そうした地形をうまく使えるように、再びナビゲーションAIの力を借りることにしましょう。ここでは、具体例として地形を使ってプレイヤーの目を逃れて背後から反撃するモンスターをつくってみます。お馴染《なじ》みの戦術位置検索の技術を用います。

①点生成過程

プレイヤーキャラクターを中心とした半径20メートルの円内に点を配置する

②フィルタリング過程

条件1：プレイヤーキャラクターから半径10メートル以内の点を削除する

条件2：プレイヤーキャラクターの位置より低い点を削除する

条件3：プレイヤーキャラクターから視線が通っている点を削除する

③評価過程

最も高い場所にある点を選択する

以上の戦術位置検索によって、プレイヤーキャラクターから一定距離離れており、かつプレイヤーキャラクターの視線が通っていない点のうちで、最も高い場所へ敵キャラクターを誘導できます。そこからプレイヤーキャラクターに向かってパス検索を行い、背後から突進させます。

さて、次に地形をうまく使ってプレイヤーを楽しませるための状況をつくってみましょう。地形を活用して、プレイヤーキャラクターを追い詰めてみます。

例えば、地形の中に高くて登れない崖や、逆に足を滑らせたら落ちてしまうような崖があるなら、それを使ってプレイヤーキャラクターを追い込みたい。こんな場合はどうしたらよいでしょうか。

まずマップ上のどこに崖があるかを、メタＡＩが認識する必要があります。崖や穴を認識

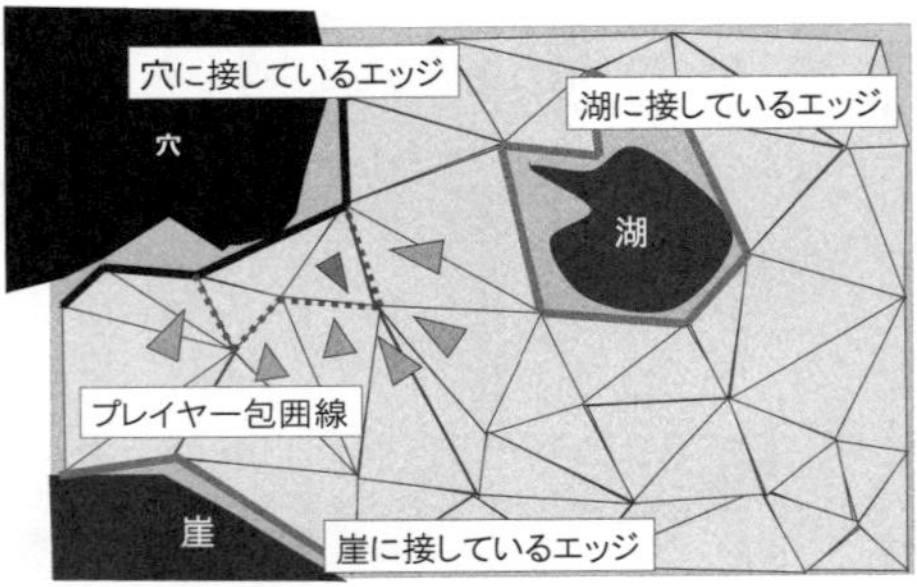

図30　地形情報（エッジ情報）を用いてプレイヤーを包囲する

できるように、マップのナビゲーション・メッシュのエッジ（境界）に情報をつけます。聳《そび》え立つ崖のエッジには「ここは高い崖である」という情報を、足を滑らせたら落ちてしまう穴のエッジには「ここは落ちてしまう穴である」という情報を仕込んでおきます。つまり、他の地形とは異なる特徴があることを区別できるようにデータをつけておくわけです。

　メタＡＩは、こうした情報を用いて、プレイヤーキャラクターを追い詰めるために敵キャラクターを配置します。具体的にはどうすればよいでしょうか。

　図で考えると分かりやすくなります（図30）。まずプレイヤーキャラクターとその背後の穴とを線で結びます。そこでプレイヤーキャラクターをこの線に沿って穴の側に追い込むように敵キャラクターで攻撃をかけるわけです。

　図のように、穴を背にしてプレイヤーキャラクターがいるナビゲーションメッシュ（三角形）のエッジ（境界）を線で結ぶと、プレイヤーキャラクターを包囲する線を描けますね。メタＡＩは、この包囲線の外側に敵キャラクターを移動させるわけです。こうすれば、プレイヤーキャラクターを囲んで逃げにくくできます。

いまは穴の例で考えましたが、他にもエッジには「湖に接している」「崖と接している」「森と接している」といった情報を埋め込むこともできます。要するにゲームの世界を構成する地形にあわせてさまざまなエッジ情報を仕込んでおくと、メタＡＩがいっそう豊かに地形を活用できるようになるわけです。つまり、メタＡＩに地形を活用させたかったら、その場所がどんな地形であるかを区別して認識できるようにするための情報をつけてあげればよいわけです。

25 プレイヤーを誘導する

さて、先ほどはプレイヤーキャラクターを追い詰めましたが、メタＡＩをうまく使うとプレイヤーを誘導することもできます。

アイデアを大まかに言うと、マップ上のある方向にプレイヤーを誘導したければ、敵キャラクターの部隊をうまく動かして、誘導したい方向を空けておけばよいのです。

例えば、マップ上に二つの敵の拠点A、Bがあるとします。いま、敵拠点Aにプレイヤーを誘導したいとしましょう。地形を使ってA以外の場所へは行けないようにするという発想もありますが、ここではそうした地形による制限ではなく、より自然にAに誘導したいと思います。つまり、地形としては行こうと思えば他の場所にも行けるけれど、状況によってAのほうへ移動してしまうという形を目指してみます。

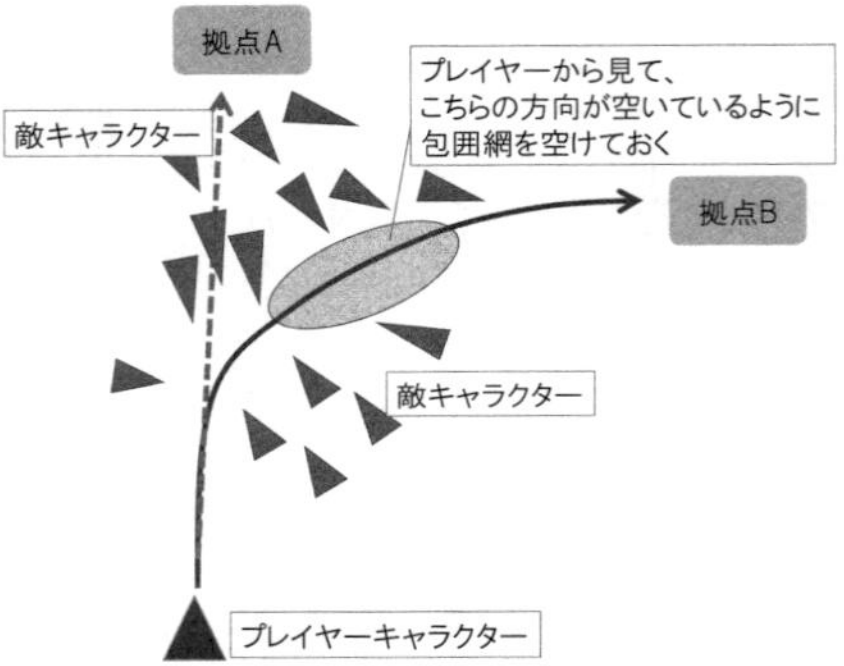

図31　敵キャラクターの配置によって、プレイヤーを誘導する方法

もちろんプレイヤーキャラクターが最初から拠点Aを目指して移動している場合は、そのままなにもする必要はありません。せいぜいプレイヤーキャラクターの背後から敵キャラクターで追いかけてプレッシャーを与えたりして、拠点Aへの移動をいっそう確実にするくらいでしょうか。

では、プレイヤーが拠点Aではなく、拠点Bに向かっている場合はどうしましょうか。こういう場合、拠点Bへ至る地域に分厚く敵キャラクターを配置して、頻繁に戦わなければならない状況にします（図31）。代わりに、拠点Aに向かう地域は敵の配置を手薄にするわけです。このやり方が有効なのは、ゲーム全体で、あまり連続して戦いすぎると、体力やアイテムなどが減ってしまって、どんどん困った状態に陥ってゆくという設定がある場合です。

逆に、敵をばっさばっさとやっつけるコンセプトのゲームでは、むしろ逆に敵を多く配置すれば、プレイヤーをそちらに誘導できるでしょう。

いずれにしてもここで大事なのは、ゲームのコンセプトに合わせて、プレイヤーがどういう状況の場合、ある場所へ移動したくなるかという心理を考慮することです。そうしたプレイヤーの心理を計算に入れたうえで、メタＡＩによって時間の流れとともにプレイヤーが移動する経路を誘導すべく敵などを配置させるわけです。

26　ウェーブをつくる

ゲームでは、一群の敵などのことを「ウェーブ」と言います。敵の群れが波のように繰り返しプレイヤーにぶつかってくる状態ですね。これはまさに先ほど「Left 4 Dead」で見た、緊張と緩和の繰り返しのことでもあります。リアルタイムストラテジーと呼ばれるジャンルのゲームでは、敵を一まとまりにしてユーザーの陣地に送り込むことが多いので、よく使われる言葉です。日本語で言えば、敵第一波、敵第二波、ということですね。

ウェーブのタイミングにはいろいろな場合がありえます。定期的に訪れるウェーブもあれば、タイミングがばらばらのランダムということもあります。ゲーム中、どんなタイミングでウェーブを生じさせるかということも、メタＡＩの仕事の一つです。

ゲームの面白さの一つは「緊張と緩和の繰り返しにある」という指摘を思い出しましょう。例えば、ジェットコースターはゆっくりゆっくり斜面を登る瞬間と、頂点から一気に急降下したり急旋回したりする場所が交互にあるからこそ面白いものです。また映画でも、ハラハラするシーンと、落ち着いたシーンが交互に来るからこそいっそう面白いわけです。人は、ずっと緊張しっぱなしでも耐えられませんし、ずっと緩和しっぱなしでも退屈してしまいます。ゲームも同様です。ゲームの中で緊張と緩和を交互に繰り返すことが、プレイヤーの心理とゲームに躍動するリズムを与えることになります。

そこで、プレイヤーに緊張と緩和を繰り返し体験させるために、ウェーブを利用します。

例えば「StarCraft」（Blizzard Entertainment, 1998年）は、惑星で資源を採掘しつつ味方の

宇宙船を作って、相手の基地へ送り込んで破壊する、というリアルタイムストラテジーゲームです。AIがプレイヤーの遊び相手をする場合、建造した宇宙船でグループを作って、ウェーブとしてプレイヤーの基地へ送り込んだりしています。波状攻撃で緊張と緩和を生み出す狙いです。

では、私たちの合戦のゲームでも、ウェーブをつくってみましょう。どうしたらよいでしょうか。

マップ上のあちこちで戦闘が生じるだけだと、無秩序ででたらめにチャンバラをしているだけのゲームになってしまいます。単なる乱戦状態です。ときどきならそれも楽しいものですが、毎回それればかりだとプレイヤーも飽きてしまいます。できれば、もっと敵の動きに知性を感じさせたいところ。そこでウェーブのようにまとまった波が繰り返し寄せてくる状態を生み出します。

こういう場合もメタAIが活躍します。ここまで述べてきたように、ゲームに登場する個々のキャラクターにもAIは搭載されています。でも、それぞれのキャラクターは、自分の周囲のことしか認知していません。そのように個々ではバラバラに行動するキャラクター

ＡＩを束ねて、集団行動や戦略的な行動を採らせるためには、ゲーム全体を確認して、ゲームが面白くなるように指揮するメタＡＩの力が必要です。

ウェーブをつくろうと思ったら、メタＡＩは手の空いている敵キャラクターを集めてグループにする必要があります。このような操作を「再グループ化」（リグルーピング）と言います。そうしてつくったグループを、ウェーブとしてプレイヤーキャラクターにぶつければよいわけです。

また、ウェーブは必ずしも一つの場所に集まってからプレイヤーキャラクターにぶつける必要はありません。それぞれがバラバラの位置に分散していても、それぞれがスタンバイしてからタイミングを合わせて攻撃するというやり方もできます。ウェーブのつくり方にも工夫次第でいろいろなヴァリエーションができます。

例えば、プレイヤーを三方から攻撃するという場合を考えてみましょう。タイミングを合わせて三方向から続々と敵が襲いかかってきたら、プレイヤーは相当ドキドキするのではないでしょうか。

図32をご覧ください。まず、プレイヤーキャラクターの正面から迫る敵の接近場所と角度、同じくプレイヤーキャラクターの側面から迫る敵二隊の接近場所の角度を決めます。

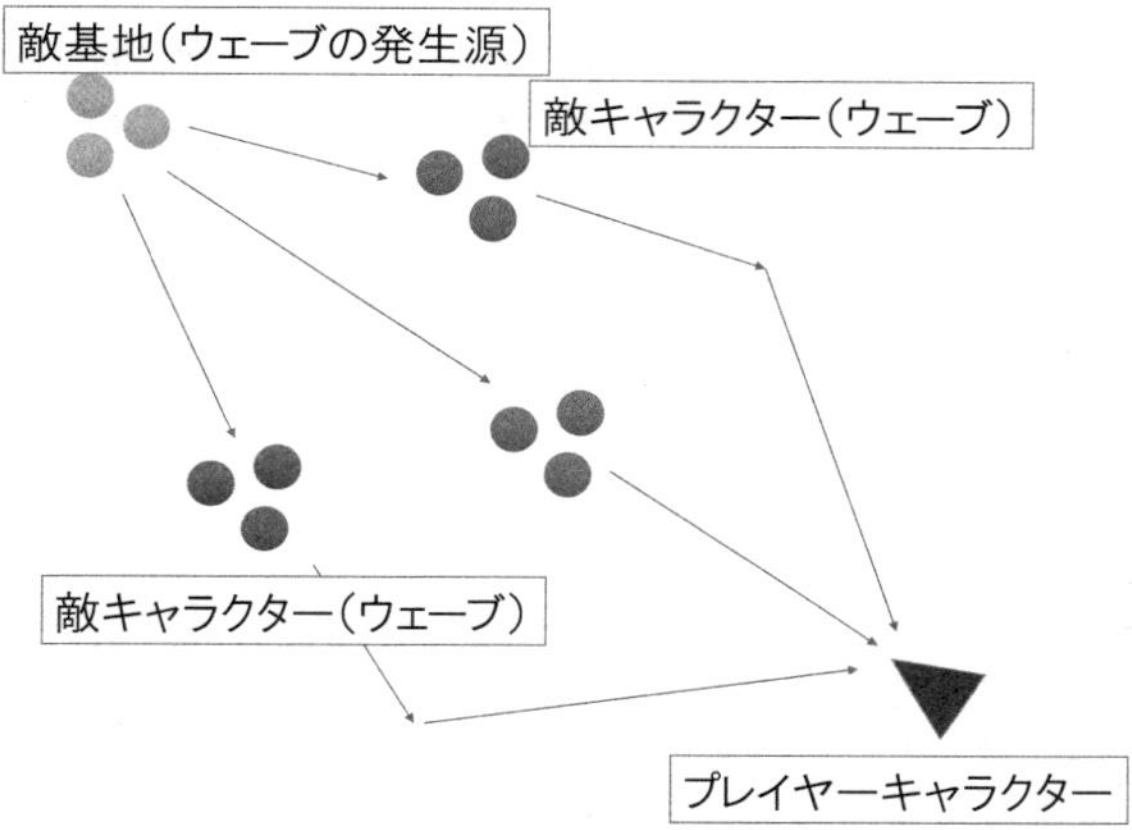

図32　敵基地から襲い来る敵ウェーブ

メタＡＩは、それぞれの接近場所と角度に集まる敵キャラクターを募集します。募集する際は「黒板モデル」という手法を使います。黒板モデルでは、「黒板」と呼ばれる場所（といってもコンピュータ内部のことで、プレイヤーには見えません）に、その時必要なキャラクターの条件を記述します。また、「スロット」を設定して、その条件では何人がエントリーできるかを決めておきます。「スロット」は、ここでは「募集ポスト」のようなもので、そこに応募して採用されれば、その役割を与えられます。今回は、黒板に次のように記述しておきましょう。

募集条件①　座標（10, 8）に時刻０：32まで

に集合。HP＞20以上。スロット2
募集条件② 座標（2, 4）に時刻0：32までに集合。HP＞10以上。スロット1
募集条件③ 座標（7, 4）に時刻0：32までに集合。剣所持。スロット1

「HP」と書いたのは体力です。募集条件ですね。それぞれの敵キャラクターは、黒板をチェックして、自分が満たせる募集条件のスロットにエントリーします。要するに「私は体力が30あるから①に応募します」「オレは剣を持ってるから③に応募するぞ」という具合に、それぞれの敵キャラクターが黒板の募集条件①②③と、自分の状態を比較するわけです。

この結果、黒板の各条件について、場合によって複数の敵キャラクターがエントリーします。メタAIは、その中から最も適したキャラクターを選択して命令を与えます。

選択の際には、まず指定した募集条件を満たしているかをチェックします。ちゃっかり③にエントリーしているものの剣を持っていないキャラクターでは困るわけです。条件を満たしていないキャラクターは選択肢から外します。

次に、それぞれのキャラクターが指定座標に来るためのコストを計算します。コストとはかかる手間のこと。コストにはいろいろな考え方があります。こういう場合、それぞれのキャラクターが現在いる座標から、指定座標までの距離をコストに用いることが多いです。

こうして黒板の募集に対してエントリーしてきたキャラクターから条件に合っていて、コストの低いものを選抜します。

そして選抜されたキャラクターに攻撃開始時刻を指示します。例えばこんな具合ですね。

1　攻撃開始　0：32
2　攻撃開始　0：35
3　攻撃開始　0：41

こうすることでキャラクターたちを一つのウェーブとして連携させることができます（図33）。

条件を工夫すれば、さまざまな攻撃ヴァリエーションもつくれます。また、集合させたい位置に障害物などがある場合には、最寄りのナビゲーション・メッシュ上に移動させるように調整するなどして地形にも対応できます。

こんなふうに舞台監督としてのメタＡＩを活用すると、ゲームの状況が多様に変化した場

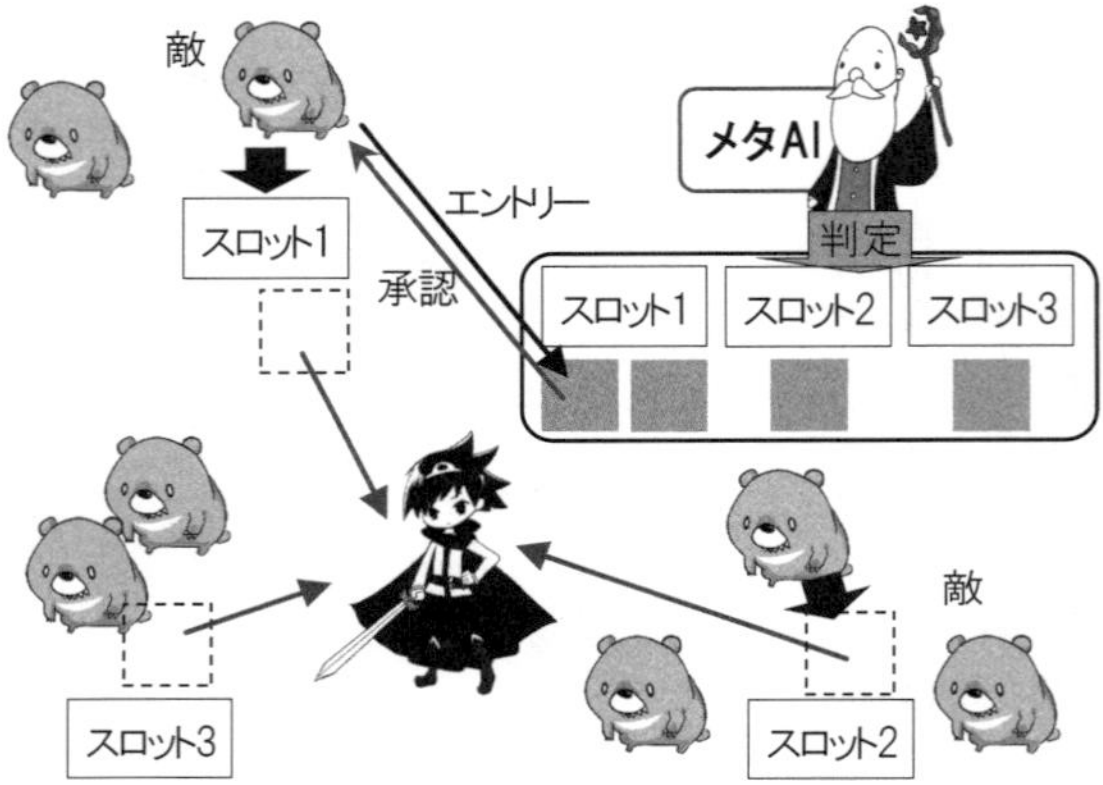

図 33　メタ AI の指示によって 3 方向から攻撃するキャラクター

合でも、臨機応変に個々のキャラクターに指示を出し、ゲームの状況に変化を起こすことができるのです。いま述べたウェーブのように、複数のキャラクターを連撃《れんげい》させる仕組みはその最たるものですね。敵キャラクターや軍勢が、状況に応じてダイナミックに攻撃を繰り出してくるので、プレイヤーも気の抜けない戦いにわくわくすることでしょう。

27　物語をつくる

さて、ここまでゲーム世界の空間と時間を操るメタＡＩの力を見てきました。

これだけでもかなりのことができるのがお分かりかもしれません。加えて言えば、この二つの力を使ってメタＡＩは物語をつくり出すこともできます。いわばメタＡＩの応用編です。

ただし「物語」と言っても、小説や漫画や映画のような筋がしっかりした物語のことではありません。ここで言う物語とは、起承転結のことです。つまり、時間の経過とともに生じる変化の構造を指します。

具体例で考えたほうが分かりやすいと思います。例によって合戦ゲームの中に起承転結をつくり出してみましょう。

まずメタＡＩは、ゲームに登場するキャラクターたちを、ある単位で管理します。管理とは、言い換えればそれぞれのキャラクターを区別して、部隊にまとめたりすることを指します。つまり、キャラクターをバラバラのままにしておくのではなくて、何人かでひとまとまりの部隊にしたり、いくつかの部隊をまとめて軍団にしたりしておくのです。もちろんそれぞれの部隊や軍団も互いに区別できるようにしておきます。こうして、ゲーム中、いつでも大勢のキャラクターたちをコントロールできるように準備します。

さて、以上は準備です。合戦のゲームですので、戦いのなかで起承転結をつくります。起承転結の「起」は、ことの起こりです。最初は両軍が勢いよく激突することにしましょう。これまで説明してきた手法を組み合わせれば、キャラクターや部隊を導いて、戦線を生み出せますね。

次に「承」です。「起」で生じた状態が展開するのが「承」です。最初の激突に続いて、戦場の各地で徐々に乱戦となり、そのまま何事もなければやがて膠着状態に至ります。個々のキャラクターの動きに任せて戦わせるだけのゲームだと、ここで終わりです。

そこでメタＡＩの登場です。「転」をもたらしましょう。先ほど準備として述べたように、メタＡＩはたくさんの部隊を区別して、コントロールできる状態だとします。そこで、メタＡＩは特にプレイヤーキャラクターの周囲の敵部隊を動かして、敵の軍勢が次々と押し寄せるウェーブをつくります。

ウェーブは一種のリズムのように時間で変化するパターンがありますので、プレイヤーは自分の周囲の少し広い範囲で状況が変わりつつあるのを感じ取れるでしょう。

もしここでプレイヤーがそのまま何も手を打たずに膠着状態と変わらない行き当たりばったりの戦い方を続ければ、やがて敵軍の組織的なウェーブに押されて劣勢に置かれます。周囲に崖や湖などの行き止まり地点があるようなら、プレイヤーキャラクターを追い詰める動きを仕掛けてもいいですね。追い詰められてプレイヤーキャラクターが敗れたら、これも一つの「結」です。

もしプレイヤーがウェーブの変化に気づいて戦い方を変えるなどの対処をすれば、敵を撃破できるでしょう。これもまた「結」です。

「転」のあとは、「起」のときより敵の攻撃をきつめに調整します。例えば、「起」の段階では、プレイヤーキャラクターに対して同時に攻撃してよい敵キャラクターを一体に設定しておきます。この仕組みはトークンでつくれることはすでに説明しました。しかし「転」以後は、同時に攻撃してよい敵キャラクターを三体にする、といった具合です。この数はプレイヤーの腕前に合わせて変化させてもよいでしょう。ここに来るまでに何度もゲームオーバーになっているプレイヤーが相手なら、同時攻撃する敵キャラクターは二体までにするとか、逆にとても上手なプレイヤーが相手なら四体まで許可するという具合です。というのも、前にお話ししたように、ゲームは簡単すぎても難しすぎても面白くないものだからです。プレイヤーの腕前にちょうどよい、あるいは頑張らないとぎりぎり負けてしまいそうな程度に調整するのがポイントです。もちろん難易度の調整は、そのゲームのコンセプト次第です。いずれにしても、こうしてプレイヤーにプレッシャーを与えて、緊張感を生み出せるわけです。

こんなふうにして、メタＡＩを使えば、戦闘の大きな流れとして起承転結、つまりドラマをつくり出すことができます。また、それぞれの部分でもウェーブや各種の戦術を生じさせて、小さな緩急も生み出せます。

従来のゲーム開発では、ゲームの流れを固定してつくる必要がありました。つまり、あらかじめマップの決まった場所に決まったキャラクターを配置して、決まった順序でイベントを起こしたりすることが中心でした。それはそれで面白いゲームをつくれます。

他方では、コンピュータの性能が向上するとともに、いっそう複雑で大規模なゲームの世界をリアルタイムで動かすこともできるようになってきました。また、ネットワークを通じてたくさんのプレイヤーが一緒に遊ぶことも当たり前になってきました。

このとき、従来のような固定したゲームの設計だけではまかないきれない場合が出てきます。特に本書で例にしたような、たくさんのキャラクターが入り乱れる合戦式のゲームの場合、一つ一つの場面を決め打ちで固定してつくるというよりは、どんな状況であっても、その状況を利用してＡＩが対応するようなつくりが必要です。この第三章で検討したメタＡＩは、改めてたとえるなら、オーケストラの指揮者のように、たくさんの楽器と演奏者全体を見渡して、大局を把握しながら、よりよい演奏でお客さんを楽しませるように個々の演奏者に指示を出すわけです。時間とともに刻々と変化してゆくゲームの状況を踏まえながら、ゲームで遊ぶ人がいっそう楽しくなる状況を生み出すこと。これがメタＡＩの仕事でした。ここでは、メタＡＩの考え方について、いくつかの具体例を使ってご一緒に考えてみました。

もちろんここで紹介した手法は、唯一のやり方ではありません。ここで理解した考え方を使って、自分のゲームにあったメタＡＩを考えてみましょう。ゲームを構成する各種要素を使って、プレイヤーにとって楽しくなるようなゲームの緩急や物語を生み出すこと。同じ状態が続くと飽きてしまうプレイヤーを、飽きさせない変化を生み出すこと。これがメタＡＩの仕事なのでした。もちろん、プレイヤーにどんな体験（ＵＸ）を提供したいかというコンセプトをお忘れなく！　もうお分かりかもしれません。ゲームの人工知能をつくるということは、そのゲームで遊ぶプレイヤー、人間の心理や知能について考えることでもあるのです。

旅のおわりに

さて、長い旅路も終わりが近づいてきました。この本ではゲームの人工知能「開発」の現場にみなさんをお連れしました。「舞台裏」と言ってもいいですね。演劇の舞台裏では、客席のお客さんを楽しませるために、役者や大道具さんや衣装係さんが大忙しです。それと同じように、ゲームの人工知能たちは、プレイヤーを楽しませるためにゲームプレイの裏側で大忙しです。ただしゲームでは演劇と違ってプレイヤー自身が主役です。人工知能たちは、プレイヤーが主役の舞台をプレイヤー自身が楽しめるように、活劇を構築していくのです。

そんな遊びの場となるデジタルゲームには、大きく二つの捉え方があります。一つはゲーム世界は完全なシミュレーション世界だという捉え方です。この見方では、世界にどんどん法則を加えて、より複雑でものごとが互いに絡みあって深みのある世界を実現していきます。この状況はキャラクターの人工知能に自律化を促します。なぜならそうしたゲームの世界では、作者といえども事前に予想しきれないほどいろいろなことが生じるので、キャラクターたちがどんな状況に遭遇しても対処できるようにしておく必要があるからです。つまり、キャラクター自身が感じて、判断して、身体を動かす、ということです。

もう一つの捉え方は、ゲームは映画の舞台だという見方です。ゲームの舞台はセットであり、そこにプレイヤーが来て楽しみます。この場合、キャラクターは役者であり、あらかじめ用意された台本に沿ってセリフを話し、メタAI（映画監督）の指示を受けて芝居をします。

シミュレーションと舞台、この二重性こそがデジタルゲームの本質です。そしてその二重性は、そのまま人工知能にも継承されているのです。

本書で考えてみたことを、もう少し広い文脈、そして未来につなげてみましょう。ここでは、そうしたゲームの人工知能の考え方やつくり方を中心に説明しました。その際、画面があってコントローラーがあって、という従来のデジタルゲームを例としています。他方でこれからの世界では、現実空間とデジタル空間がこれまで以上に混ざり合っていきます。例えばGPSを使ってデジタル空間と現実空間をマッピング（対応）させることができますし、地球はすでにインターネットでつながったデジタルワールドです。また、デパート、車、イベント会場、映画館、ゲームセンター、家、駅や空港、会社、ホテルなど、いたるところにたくさんのセンサーが張り巡らされて、デジタルワールドはすでに現実空間と同期しています。そこかしこに「ゲーム的状況」もつくられつつあり、そこで私たちはゲームのプレイヤーのような立場にもなります。こうした状況は今後ますます広がって日常生活や社会のいろいろな場面が変わってゆくでしょう。そんなとき、本書で学んだことが役に立ちます。どのような道に進もうと、この先すべての分野で応用可能です。人工知能によって人を楽しませ、「おもてなし」しようとする場面で本書の内容がお役に立つことでしょう。

例えば本書でご一緒に探究したことをこんなふうに要約できます。

0．プレイヤーがゲーム世界を訪れる（前提）
1．ゲーム世界の中でプレイヤーの相手をするキャラクターの知能を提供する（第一章）
2．ゲーム世界（地形など）を活用した遊びをプレイヤーに提供する（第二章）
3．ゲーム世界のプレイヤーとキャラクターを俯瞰《ふかん》して指示を出す（第三章）

この「ゲーム世界」を現実のいろいろな空間に置き換えてみましょう。教室、車、イベント会場、広場、VR、ARなどなど。そうすると、人工知能を使ったこうした仕組みは、デジタルゲームの世界だけでなく、より広い範囲に応用できることが想像できると思います。

最後にもう一言。人工知能はとても広い分野です。ゲームＡＩはその多くの部分をカバーしますが、まだ扱っていない領域もあります。それはこれから取り込んでいくことになります。どのような人工知能に携わるにせよ、人工知能を使う際に大切なことがあります。次の二つの視点をあわせもつことです。

人間から見た人工知能
人工知能から見た人間

通常は前者が大きくクローズアップされます。しかしそれは偏ったものの見方です。加えて後者、人工知能から人間がどう見えているか、人工知能に人間をどう見せたいか。このことを考えてこそ、人工知能をうまく使えるのです。とはいえ、本書で人工知能と人間について考えてきたあなたは、もうすでにこの二つの視点を身に着けていますね。本書では、プレイヤーにとって人工知能とは何か、そして、人工知能から見たプレイヤーとは何か、という二つの視点を交互に用いながら、ゲームの人工知能を構築してきたのでした。

ゲームは人工知能のゆりかごでもあります。ここにすべてがあり、ここが始まりであり、ここから広い世界に人工知能は旅立っていきます。もし、分からないことがあったら、いつでもゲームの人工知能の世界に戻ってきてください。答えはきっとここで見つかるはずです。

最後に謝辞を述べます。編集の吉澤麻衣子さん、イラストのしましまいぬさん、装幀《そうてい》のクラフト・エヴィング商會さんは、著者たちのたくさんのわがままに応えてくださいました。本書がこのような形になったのもひとえにみなさんのおかげです。ありがとうございました。

そして最後になりましたが、三宅・山本との「合議制アルゴリズム」に参加してくださったあなたに、なによりの感謝を。いつかあなたがつくった人工知能とどこかで出会えるのを楽しみにしています。

それではこれにて一旦、ゲームを終了しましょう。

二〇一八年一月三一日

三宅陽一郎＋山本貴光

ちくまプリマー新書

233
世界が変わるプログラム入門
山本貴光
新しいコンピュータの使い方を発見しよう！　たかが技術と侮るなかれ。プログラムの書き方を学べば世界を変えられるし、世界も違って見えてくる。

098
ゲームの教科書
馬場保仁
山本貴光
世界に冠たるゲーム大国日本。が、意外に知られていない仕事や業界の実態。開発はどのように進められるのか。制作者の毎日とは。働く人から遊ぶ人まで必読の基本書。

273
人はなぜ物語を求めるのか
千野帽子
人は人生に起こる様々なことに意味付けし物語として認識することなしには生きられません。それはどうしてなのか？　その仕組みは何だろうか？

287
なぜと問うのはなぜだろう
吉田夏彦
ある／ないとはどういうことか？　人は死んだらどこへ行くのか――永遠の問いに自分の答えをみつけるための、哲学的思考法への誘い。伝説の名著、待望の復刊！

276
はじめての哲学的思考
苫野一徳
哲学は物事の本質を見極める、力強い思考法を生み出してきた。誰もが納得できる考えに到達するためのその思考法のエッセンスを、初学者にも理解できるよう伝える。

ちくまプリマー新書

227
考える方法
――〈中学生からの大学講義〉2
永井均　池内了　管啓次郎
世の中には、言葉で表現できないことや答えのない問題がたくさんある。簡単に結論に飛びつかないために、考える達人が物事を解きほぐすことの豊かさを伝える。

113
中学生からの哲学「超」入門
――自分の意志を持つということ
竹田青嗣
自分とは何か。なぜ宗教は生まれたのか。なぜ人を殺してはいけないのか。満たされない気持ちの正体は何なのか……。読めば聡明になる、悩みや疑問への哲学的考え方。

011
世にも美しい数学入門
藤原正彦　小川洋子
数学者は、「数学は、ただ圧倒的に美しいものです」とはっきり言い切る。作家は、想像力に裏打ちされた鋭い質問によって、美しさの核心に迫っていく。

038
おはようからおやすみまでの科学
佐倉統　古田ゆかり
毎日の「便利」な生活は科学技術があってこそ。料理も洗濯も、ゲームも電話も、視点を変えると楽しい発見がたくさん。幸せに暮らすための科学との付き合い方とは？

054
われわれはどこへ行くのか？
松井孝典
われわれとは何か？　文明とは、環境とは、生命とは？　世界の始まりから人類の運命まで、これ一冊でわかる！　壮大なスケールの、地球学的人間論。

ちくまプリマー新書

ちくまプリマー新書

228
科学は未来をひらく
――〈中学生からの大学講義〉3
村上陽一郎
中村桂子
佐藤勝彦
宇宙はいつ始まったのか？　生き物はどうして生きているのか？　科学は長い間、多くの疑問に挑み続けている。第一線で活躍する著者たちが広くて深い世界に誘う。

250
ニュートリノって何？
――続・宇宙はこう考えられている
青野由利
話題沸騰中のニュートリノ、何がそんなに大事件？　素粒子物理学の基礎に立ち返り、ニュートリノの解明が宇宙の謎にどう迫るのかを楽しくわかりやすく解説する。

279
建築という対話
――僕はこうして家をつくる
光嶋裕介
家という空間を生み出す建築家は人や土地、風景との対話が重要だ。建築家になるために大切なことは何か？　生命力のある建築のために必要な哲学とは？

027
世にも美しい日本語入門
安野光雅
藤原正彦
七五調のリズムから高度なユーモアまで、古典と呼ばれる文学作品には、美しく豊かな日本語があふれている。若い頃から名文に親しむ事の大切さを、熱く語り合う。

096
大学受験に強くなる教養講座
横山雅彦
英語・現代文・小論文は三位一体である。本書では、それら入試問題に共通する「現代」を六つの角度から考察することで、読解の知的バックグラウンド構築を目指す。

ちくまプリマー新書

158 考える力をつける論文教室　今野雅方

まっさらな状態で、「文章を書け」と言われても、なかなか書けるものではない。社会を知り、自分を知ることから始める、戦略的論文入門。３つのステップで、応用自在。

160 図書館で調べる　高田高史

ネットで検索→解決の、ありきたりな調べものから脱出するには。図書館の達人が、基本から奥の手まで、あなたにしかできない「情報のひねり出し方」を伝授します。

186 コミュニケーションを学ぶ　高田明典

コミュニケーションは学んで至る「技術」である。状況や目的、相手を考慮した各種テクニックを解説し、スキルを身につけ精神を理解するための実践的入門書。

191 ことばの発達の謎を解く　今井むつみ

単語も文法も知らない赤ちゃんが、なぜ母語を使いこなせるようになるのか。発達心理学、認知科学の視点から、思考の道具であることばを獲得するプロセスを描く。

224 型で習得！　中高生からの文章術　樋口裕一

小論文・作文・読書感想文・レポート・自己ＰＲ書など、学校や受験で必要なあらゆる種類の文章を簡単に書くコツを「小論文の神様」の異名を持つ著者が伝授。

ちくまプリマー新書

232 「私」を伝える文章作法 森下育彦
書き言葉には声音や表情や身振りがない。自分らしく、自分の言葉で書くにはどうすればいいのか？ ちょっとした工夫と準備で誰でも身に付く文章作法を紹介！

278 大人を黙らせるインターネットの歩き方 小木曽健
「ネットは危険！」「スマホなんて勉強の邪魔」？ そんなお説教はもうたくさん！ 大人も知らない無敵の「ネットの歩き方」――親と先生にはバレずに読もう。

053 物語の役割 小川洋子
私たちは日々受け入れられない現実を、自分の心の形に合うように転換している。誰もが作り出し、必要としている物語を、言葉で表現していくことの喜びを伝える。

062 未来形の読書術 石原千秋
私たちは、なぜ本を読むのだろう。「読めばわかる」というレベルを超えて、世界の果てまで「自分」を追いかけていく、めまいがしそうな試みこそ、読書の楽しみだ。

286 リアル人生ゲーム完全攻略本 架神恭介 至道流星
「人生はクソゲーだ！」しかし、本書のような攻略本があれば、話は別。各種職業の特色から、様々なイベントの対処法まで、全てを網羅した究極のマニュアル本！

chikuma primer shinsho

ちくまプリマー新書296

高校生《こうこうせい》のためのゲームで考《かんが》える人工知能《じんこうちのう》

二〇一八年三月十日　初版第一刷発行

著者　三宅陽一郎（みやけ・よういちろう）
　　　山本貴光（やまもと・たかみつ）

装幀　クラフト・エヴィング商會

発行者　山野浩一

発行所　株式会社筑摩書房
東京都台東区蔵前二-五-三　〒一一一-八七五五
振替〇〇一六〇-八-四一二三

印刷・製本　株式会社精興社

ISBN978-4-480-68998-6 C0204　Printed in Japan

乱丁・落丁本の場合は、左記宛にご送付ください。
送料小社負担でお取り替えいたします。
ご注文・お問い合わせも左記へお願いします。
〒三三一-八五〇七　さいたま市北区櫛引町二-六〇四
筑摩書房サービスセンター　電話〇四八-六五一-〇〇五三